DIESES PROJEKT WIDME ICH EINEM MANN,
DER ALS EINFACHER ARBEITER 1970 AUS EINEM
KLEINEN DORF IN SIZILIEN NACH DEUTSCHLAND KAM.

DIESER MANN IST VATER VON SIEBEN KINDERN.
DIESER MANN HATTE KEINEN ZUGANG ZUR FOTOGRAFIE.
DIESER MANN HATTE KEINE ZEIT FÜR KUNST UND KULTUR.
DIESER MANN HAT MIR BEIGEBRACHT, HART ZU ARBEITEN.

DIESER MANN IST MEIN VATER.
SEIN NAME IST PAOLO TOSCANO UND
ER STARB AM 31.07.2015 IM ALTER VON 68 JAHREN.

LUIGI TOSCANO, DEIN ÄLTESTER SOHN

GEGEN DAS VERGESSEN

LUIGI TOSCANO

GEGEN DAS VERGESSEN

EDITION**PANORAMA**

GEGEN DAS VERGESSEN

Im September 2014 begannen die Teammitglieder, der Fotograf und Filmemacher Luigi Toscano, die Kunsthistorikerin und Kulturmanagerin Julia Teek und der Kommunikationsdesigner Holger Jan Lehmann mit der Umsetzung ihrer Idee einer Foto-Installation im öffentlichen Raum Mannheims. Sie setzten sich zum Ziel, im Nationalsozialismus Verfolgte und Inhaftierte jeglicher Herkunft und Nationalität aufzusuchen und fotografisch sowie filmisch zu porträtieren. Anlass ihres Vorhabens ist die Befreiung der Konzentrationslager, die sich 2015 zum siebzigsten Mal jährt. Die Präsentation der Ausstellung in weiteren internationalen Städten ist von Beginn an Teil des Konzeptes.

Im Rahmen vier großer internationaler Reisen nach Haifa, Kiew, Moskau und Washington sowie mehrerer nationaler Fahrten, gelang es dem Projektteam um Toscano rund 200 Zeitzeugen aufzusuchen, sie fotografisch zu porträtieren und Interviewsequenzen filmisch festzuhalten. Die Mitschnitte sind wertvolles Material für einen geplanten Dokumentarfilm. Dieser ist neben dem Bildband und einer App Teil von GEGEN DAS VERGESSEN.

GEGEN DAS VERGESSEN ist eine in dieser Form einzigartige Sammlung menschlicher Schicksale. Die Ausstellung ermöglicht eine stille Begegnung mit individuellen Lebensgeschichten. Zusätzlich wird die Wirkung der siebzig Fotografien durch die konzentrierte Präsentation intensiviert. Und sie macht augenscheinlich bewusst, dass der Völkermord erst 70 Jahren zurückliegt, dass Opfer von damals heute noch leben und vielleicht zum letzten Mal ihr Gesicht zeigen können.

Die Installation dient als Medium, das Geschehene ins Gedächtnis der Menschen zu rufen und fungiert so als materielles Gut gegen das Vergessen. Bezug nehmend auf das aktuelle Weltgeschehen, den gesellschaftlichen Ausschluss, die Verfolgung von Menschen, ist es für Toscano und sein Team unerlässlich, aktiv zu werden gegen Antisemitismus, Fremdenfeindlichkeit und rechtsextreme Gewalt. Die öffentliche und barrierefreie Präsentation der Fotografien gewährt bewusst allen Menschen Zugang zur Ausstellung, nicht nur einem elitären Kreis. Jeder Passant begegnet den bildlichen Geschichten, entweder ganz gezielt, zufällig oder gar unbewusst im Alltag. Dieser demokratische Ansatz ermöglicht allen, einen persönlichen Impuls zu empfangen und Teil unseres kulturellen und historischen Gedächtnisses zu werden, wie auch die Protagonisten Teil unserer Gemeinschaft und Geschichte sind.

Der erste Ausstellungsort von GEGEN DAS VERGESSEN ist die Fassade der Alten Feuerwache Mannheim. Der zentrale und stark frequentierte Ort ist eine bewusste Wahl für die Präsentation der Fotografien. Die Alte Feuerwache ist ein wichtiges Gebäude der Stadt Mannheim, ein Haus mit Tradition und Geschichte. Ab 1912 beherbergte der Jugendstilbau mit seinem 42 Meter hohen neubarocken Schlauchturm die zentrale Feuerwache der Stadt. 1981 wurde der Gebäudekomplex als Kulturhaus eingeweiht. Der über die Region hinaus bekannte Veranstaltungsort liegt am Verkehrsknotenpunkt des 135 Jahre alten Stadtteils Neckarstadt. Zwischen 30.000 und 50.000 Menschen passieren täglich diesen lebendigen und gleichzeitig historischen Ort. Der anliegende Alte Messplatz dient den Bürgerinnen und Bürgern der Stadt als sozialer Treffpunkt. Die Lage des Hauses und seine vielschichtige Publikumsstruktur ermöglichen der Installation die größtmögliche Aufmerksamkeit aller Bevölkerungsschichten.

Die Mauern der Alten Feuerwache stellen eine ästhetische Verortung der großformatigen Fotografien dar. Die Fenster des Hauses dienen den Bildern als Rahmen. Fenster sind die Augen eines Gebäudes, sind sensible Organe, die auch Dinge sehen, die man nie hätte sehen wollen. Augen spiegeln die Seele eines Menschen, visualisieren Gefühle, lassen jeweilige Empfindungen für Andere erahnen.

Die Bilder zeigen die porträtierten Menschen frontal vor schwarzem Hintergrund. Die überlebensgroße Darstellung legt den Fokus auf das Gesicht, die Augen, die Lebensspuren der Porträtierten. Die Fotografien verzichten ganz auf theatralische Gestik und Mimik. Die Menschen schauen nüchtern, ohne künstliche Inszenierung in die Kamera. Auch die postproduktive Bearbeitung der Bilder ist gering. Die Fotografien sind realistisch und pur aber trotzdem, oder gerade deswegen, sehr ästhetisch und kraftvoll. Die alten, ungeschönten Gesichter erzählen uns Geschichten und lassen uns teilhaben an ihrem Leben. Der Umgang Toscanos mit den Protagonisten ist authentisch, voller Respekt und Sensibilität. Die im Dialog entstandene Nähe, die Haltung und Beziehung zwischen Fotograf und Zeitzeugen, spiegeln sich in den Bildern wider.

Julia Teek
Mannheim, 12. August 2015

WIRF DEINE ANGST IN DIE LUFT...

Hunderte Menschen sterben grausam und unmenschlich durch Hunger und Krieg bis ich die letzten Zeilen dieses Textes geschrieben haben werde.

In seiner direkten und schnörkellosen Art gibt Luigi mit GEGEN DAS VERGESSEN Überlebenden, die Unvorstellbares erlitten haben, die Möglichkeit, uns ihre Geschichte zu erzählen - von Angesicht zu Angesicht. Geschichten, die nicht nur mahnen, sondern auch Zuversicht und Hoffnung geben. Sie zeigen, dass es lohnt, sich gegen Tyrannei und Ungerechtigkeit zu stellen. Diese Geschichten und Gesichter sind Lichter, die unseren Weg in die Zukunft erhellen.

(Wirf deine Angst in die Luft...)

„Wie gehst du als Deutscher mit der Schuld um?" fragt mich Jacqueline, als wir den Fragebogen mit ihrer Biografie und der Einverständniserklärung für die Verwendung ihrer Porträts ausfüllen. Fühle ich mich schuldig? Und was für Deutsche sind wir - Kinder der Friedensbewegung, Nachkommen von Migranten, G.I.s und sizilianischen Gastarbeitern? Ich empfinde ein Verantwortungsgefühl für heute, für die Dinge, die jetzt geschehen; für eritreische Flüchtlinge auf dem Mittelmeer, für Krieg im Nahen Osten und für die Zukunft meiner Kinder. Da gibt mir Luigi schon das Zeichen, dass wir zum Fotografieren kommen können. Wir unterbrechen unser Gespräch, stehen auf, und ich begleite Jacqueline zu unserem improvisierten Fotostudio in der Ecke des Schulungsraums Nr. 2 im United States Holocaust Memorial Museum in Washington. Ich wünschte wir hätten mehr Zeit. Aber genau die haben wir nicht. Nur dieser eine Tag in Washington, die letzten Zeitzeugen nach 70 Jahren, nur noch ein paar Tage in diesem Projekt, die erste Ausstellung noch dieses Jahr - die Uhr tickt. Allgegenwärtig. Von Luigi lerne ich, das Notwendige jetzt zu tun.

(Wirf deine Angst in die Luft. Bald ist deine Zeit um.)

Steven möchte wissen, was und wie viel er bei dem Punkt „Wichtige Stationen meines Lebens" schreiben soll. Ob ich wissen wolle, was der schönste Moment seines Lebens war? Ich nicke. „Als die Luke des Panzers sich öffnet und ein Soldat der US Army 6th Armored Division salutiert und mir zuruft: ‚Ihr seid frei!'." Nach dem Krieg wandert er aus - in die Staaten. Er geht selbst in eben diese Armee und wird in Stuttgart, Deutschland stationiert. Ich erzähle ihm, dass G.I.s ein Teil meiner Identität sind und meine Jugend geprägt haben. Ich denke an Dr. Pepper, Basketball und Hip Hop. Dann sind meine Gedanken wieder bei ihm. Ihm, der später als amerikanischer Soldat in das Europa zurückkehrt, dem er so knapp mit dem Leben entronnen war; wo in Konzentrationslagern, die er überlebte, Millionen andere grausam ermordet wurden. Ich fühle mich als käme ich von einem anderen Planeten und gleichzeitig empfinde ich die Jahre, die uns trennen, wie einen kurzen Augenblick.

(Sei was du bist. Gib was du hast.)

Ich werde euer Zeitzeuge sein. Werde Zeugnis ablegen und eure Berichte weitertragen. Werde aufmerksam, unnachgiebig und bereit sein, Menschenrechte und Grundgesetz zu verteidigen. Und wenn ein junger Mensch wissen möchte, was ich da tue und warum, dann werde ich vielleicht damit beginnen, ihm von meinem Freund Luigi zu erzählen und wie wir losgezogen sind, um Menschen zu treffen, die wir nicht vergessen wollen.

(Wirf deine Angst in die Luft...)
aus dem Gedicht von Rose Ausländer (Noch bist du da)

Holger Jan Lehmann
Noirmoutier 05. August 2015

Wir verneigen uns und sind unendlich dankbar für das Vertrauen und den Mut
jedes einzelnen Protagonisten, der sich an diesem Projekt beteiligt hat.

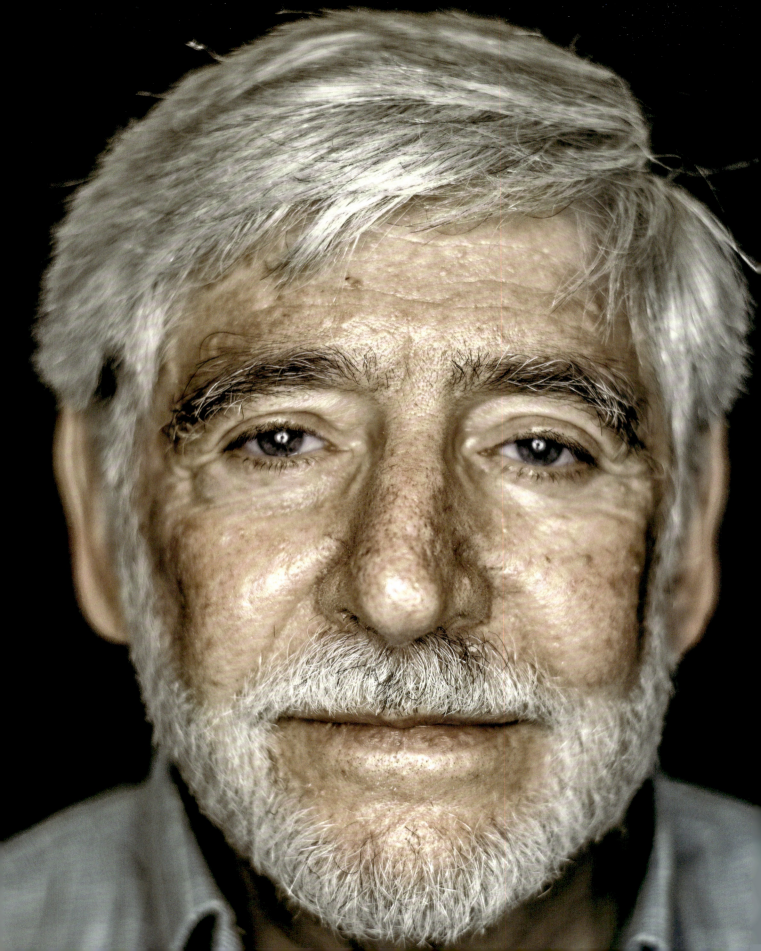

HARRY MARKOWICZ
BERLIN/DEUTSCHLAND 1937

BIS 1938 IN BERLIN
26. SEPTEMBER 1938
FAMILIE VERLIESS DEUTSCHLAND
UND GING NACH BELGIEN
SEPTEMBER 1942 BIS
SEPTEMBER 1944 VERSTECKT
„ICH VERBRACHTE DIE KRIEGSJAHRE
IM VERSTECK BEI MEHREREN
NICHTCHRISTLICHEN FAMILIEN."

GEGEN DAS VERGESSEN
WASHINGTON DC 16.06.2015

ANDRZEJ KORCZAK-BRANECKI
WARSCHAU/POLEN 1930

1944 BEIM WARSCHAUER
AUFSTAND FESTGENOMMEN
IM KZ DACHAU
ZUR
ZWANGSARBEIT SELEKTIERT
AB SEPTEMBER 1944 IN MANNHEIM
SANDHOFEN, EINEM AUSSENKOMMANDO
DES KZ NATZWEILER-STRUTHOF,

DAS BEI DER FIRMA DAIMLER BENZ
ZWANGSARBEIT LEISTETE
WÄHREND DER WEIHNACHTSTAGE 1944
IN DAS KZ BUCHENWALD ÜBERFÜHRT
IM JANUAR 1945 IN DIE ADLERWERKE
IN FRANKFURT A. M.
MITTE MÄRZ 1945 ZURÜCK
NACH BUCHENWALD
DANACH KZ FLOSSENBÜRG UND
WIEDER DACHAU
25. APRIL BEFREIUNG

ÜBERLEBTE 3 TODESMÄRSCHE

GEGEN DAS VERGESSEN
MANNHEIM 16.09.2014

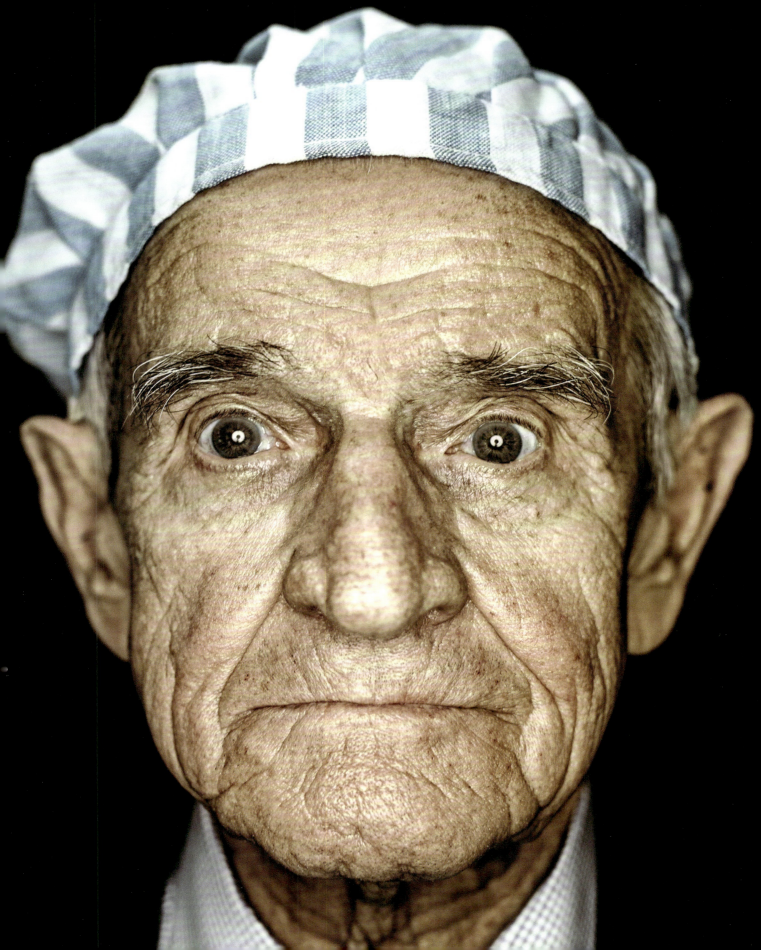

DAVID NEUMANN
DEUTSCHLAND 1929

1935 GING ALS NEUNJÄHRIGER MIT
DER FAMILIE NACH PALÄSTINA
„MEINE GROSSELTERN, MEINE TANTE
UND MEIN ONKEL LEBTEN NOCH IN
DEUTSCHLAND UND WURDEN 1942
ERMORDET. SIE LEBTEN IN EINER
STADT NAMENS NÖRDLINGEN.
MEINE FAMILIE HATTE VIELE
JAHRE DORT GELEBT."

GEGEN DAS VERGESSEN
WASHINGTON DC 16.06.2015

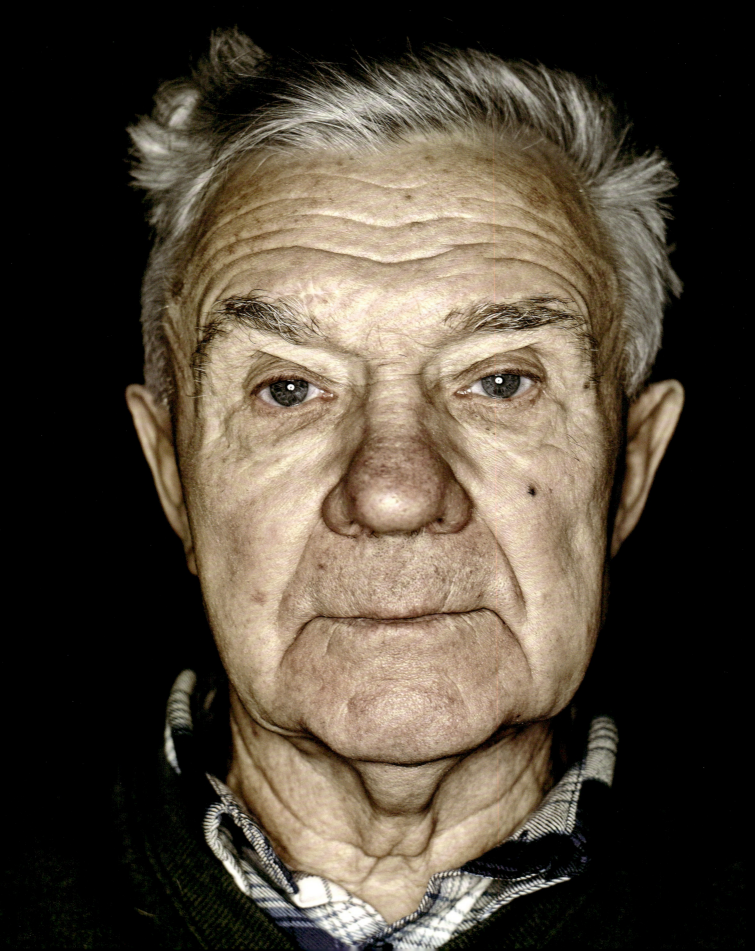

ANATOLIJ KOPYLOW
LOSCHTSCHINCHINO/GEBIET KALUGA/
RUSSLAND 1935

1942 BIS 1943 ROSLAWL/
GEBIET SMOLENSK/RUSSLAND
BEFREIUNG DURCH DIE
SOWJETISCHE ARMEE IM WINTER 1944
RÜCKKEHR IN DIE HEIMAT IN
DAS DORF LOSCHTSCHINCHINO

GEGEN DAS VERGESSEN
MOSKAU 14.01.2015

ANNA STRISHKOWA
KIEW/UKRAINE
GEBURTSDATUM UNBEKANNT

KZ AUSCHWITZ-BIRKENAU
DIE ELTERN WURDEN DIREKT
NACH DER ANKUNFT IN
AUSCHWITZ ERMORDET.
VERSUCHSKIND VON DR. MENGELE

GEGEN DAS VERGESSEN
KIEW 23.02.2015

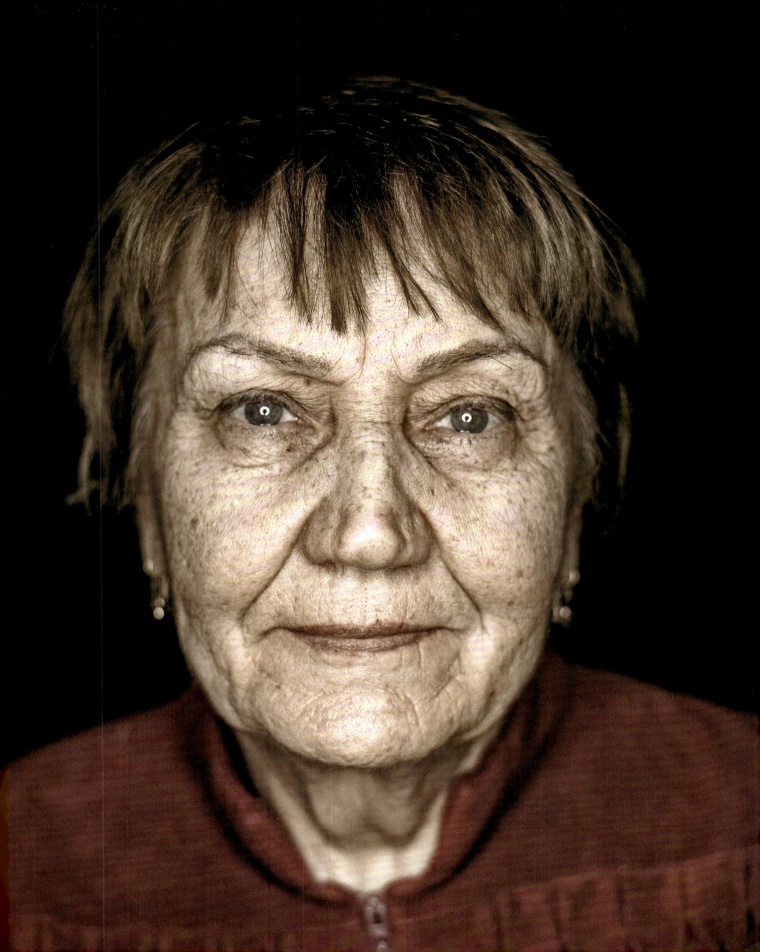

ANNA KOMISSARENKO
BALTA/GEBIET ODESSA
UKRAINE 1937

JULI 1941 BIS MÄRZ 1944
GHETTO BALTA/UKRAINE
1944 BIS 1954 SCHULE IM
GEBIET KIROW/RUSSLAND

GEGEN DAS VERGESSEN
MOSKAU 12.01.2015

BAR-TOR
TARNOW/POLEN 1922

GHETTO TARNOW
1946 NACH ISRAEL AUSGEWANDERT

GEGEN DAS VERGESSEN
HAIFA 04.02.2015

ABRAM POLOTOVSKIJ
WITEBSK/
WEISSRUSSLAND
1930
FLUCHT AUS DEM
BELAGERTEN LENINGRAD

GEGEN DAS VERGESSEN
KÖLN
11.03.2015

ANATOLIJ KOTSCHEROW
MOSKAU/RUSSLAND
1938

1941 KZ BARANOWITSCHI
1943 BIS 1944
GEFÄNGNIS DERGESTAPO
IN DER STADT DRISSA/
WEISSRUSSLAND

GEGEN DAS VERGESSEN
MOSKAU
12.01.2015

DMITRIJ BOBENSKIJ
WYSCHKOWO/POLEN
1934

1939 BIS 1940
KONZENTRATIONSLAGER
NAHE WARSCHAU
1940
VERSCHLEPPUNG
IN DIE UDSSR/
VERWALTUNGSGEBIET
ARCHANGELSK/
SONDERSIEDLUNG

GEGEN DAS VERGESSEN
KIEW
26.02.2015

LIDIJA TUROWSKAJA
WARSCHAU/POLEN
1929

AUGUST 1944
WARSCHAUER AUFSTAND
BIS 3. OKTOBER 1944
LAGER PRUSZKÓW
OKTOBER 1944
KZ AUSCHWITZ/
KZ NEUENGAMME
TRENNUNG VON
DER MUTTER
APRIL 1945 BEFREIUNG
IM KZ NEUENGAMME

GEGEN DAS VERGESSEN
MOSKAU 09.01.2015

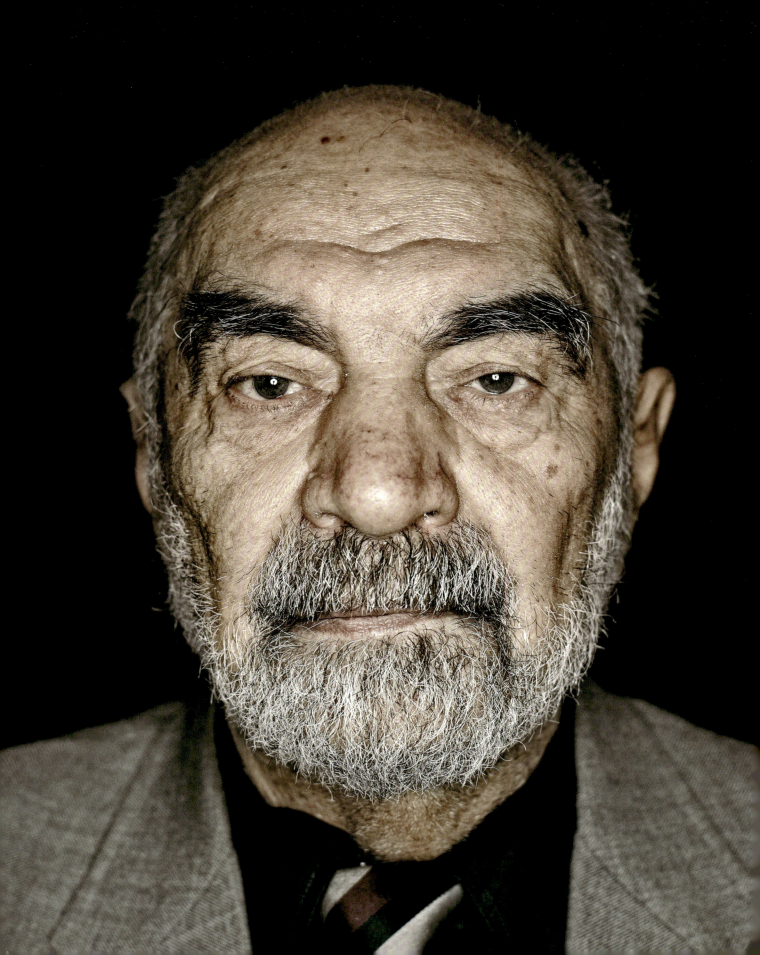

BORIS SREBNIK
MINSK/WEISSRUSSLAND 1934

JUNI 1941 BIS 21. NOVEMBER 1943
GHETTO MINSK/WEISSRUSSLAND
KAM NACH DER BEFREIUNG
VON MINSK IN EIN WAISENHAUS

GEGEN DAS VERGESSEN
MOSKAU 12.01.2015

BORIS TSCHALISCH
KIEW/UKRAINE 1923

OSTARBEITER IN SUHL/THÜRINGEN
BEI EINEM FLUCHTVERSUCH
VERHAFTET UND INS
KZ BUCHENWALD TRANSPORTIERT
BIS 1945 ARBEIT BEIM HOLZUMSCHLAG

GEGEN DAS VERGESSEN
KIEW 27.02.2015

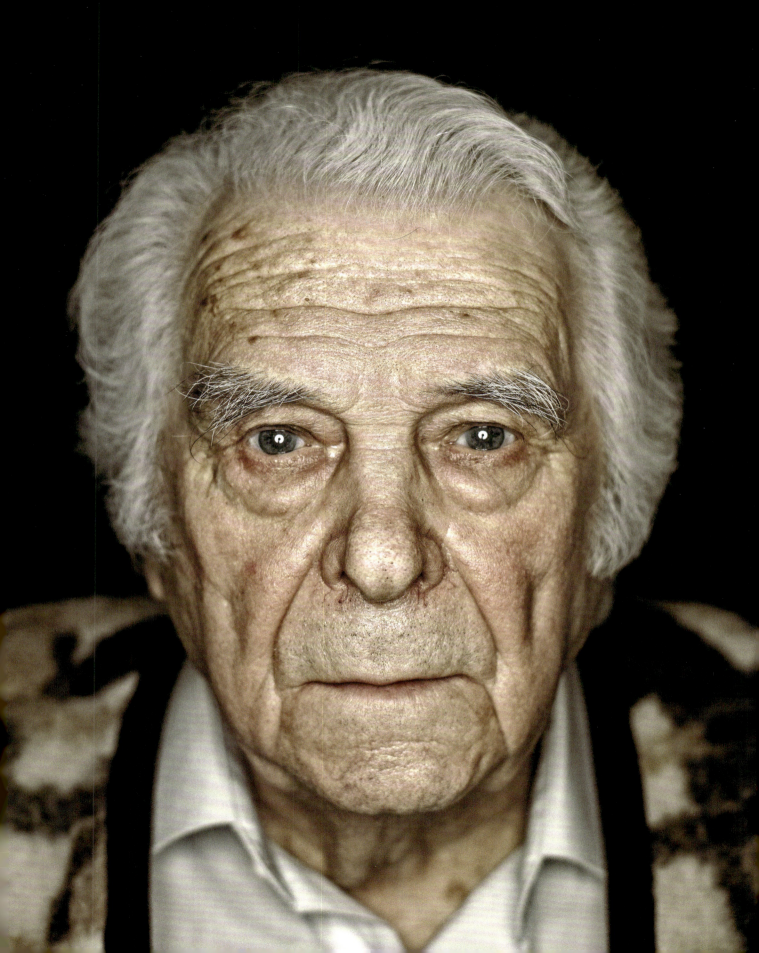

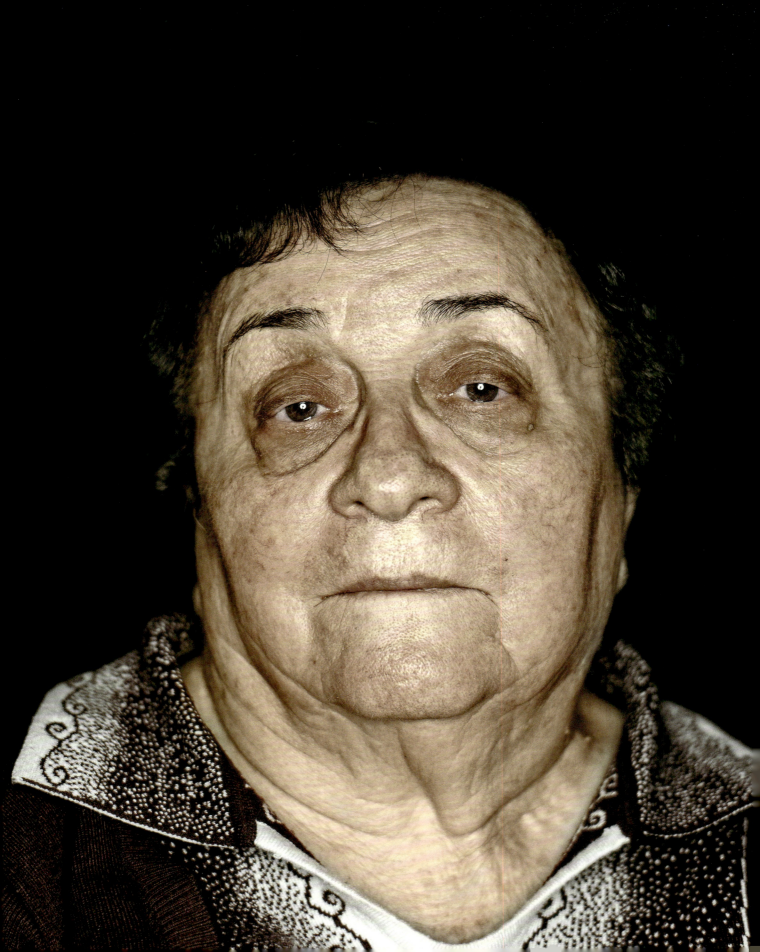

CHANA BOROCHOWITZ-GOLANY
TAUROGE/LITAUEN 1930

1941 EINMARSCH DER DEUTSCHEN
IN LITAUEN
VERSCHLEPPUNG DER FAMILIE/
ELTERN UND 5 TÖCHTER INS
GHETTO SCHAULAY
DIE JÜNGSTE SCHWESTER UND DER
VATER WURDEN UNMITTELBAR GETÖTET.
DEPORTATION IN DAS KZ STUTTHOF
HIER WURDEN DIE MUTTER UND EINE
WEITERE SCHWESTER ERMORDET.
BEIM TODESMARSCH GEMEINSAM
MIT DEN ÜBERLEBENDEN
SCHWESTERN BEFREIT

GEGEN DAS VERGESSEN
HAIFA 03.02.2015

DALIAH MILLER
VILLINGEN/DEUTSCHLAND 1929

GEMEINSAM MIT ZWEI JÜNGEREN
BRÜDERN DURCH EINEN
KINDERTRANSPORT IN
DIE SCHWEIZ GERETTET
DANACH PALÄSTINA
DIE ELTERN, GROSSELTERN,
TANTEN UND ONKEL WURDEN
ERST NACH GURS, DANACH
NACH AUSCHWITZ DEPORTIERT
UND ERMORDET.

GEGEN DAS VERGESSEN
HAIFA 03.02.2015

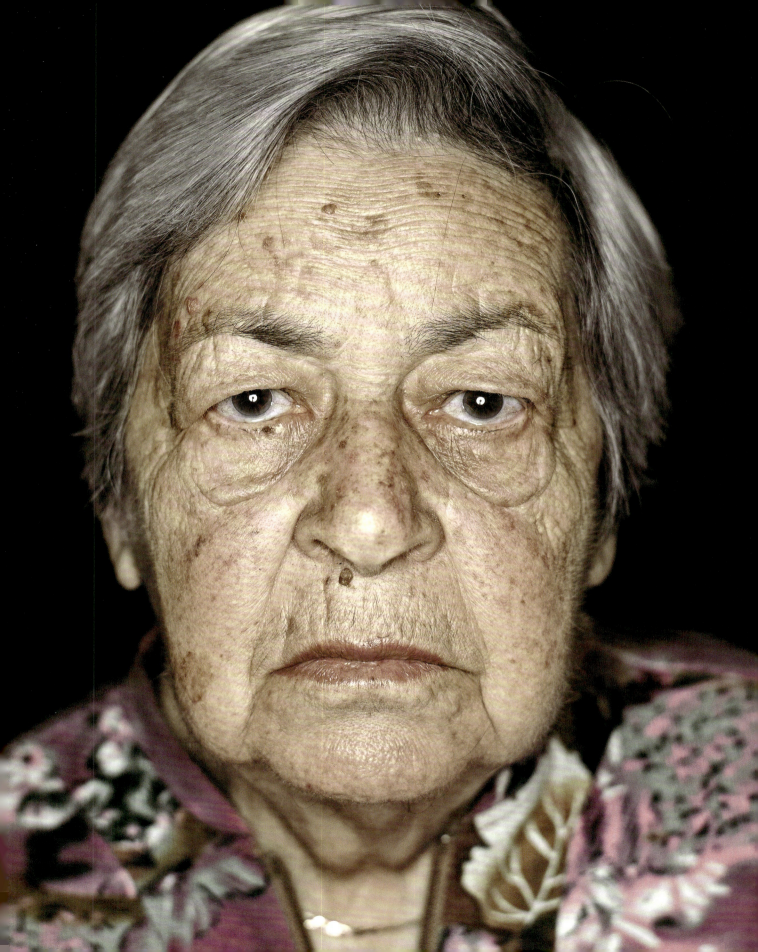

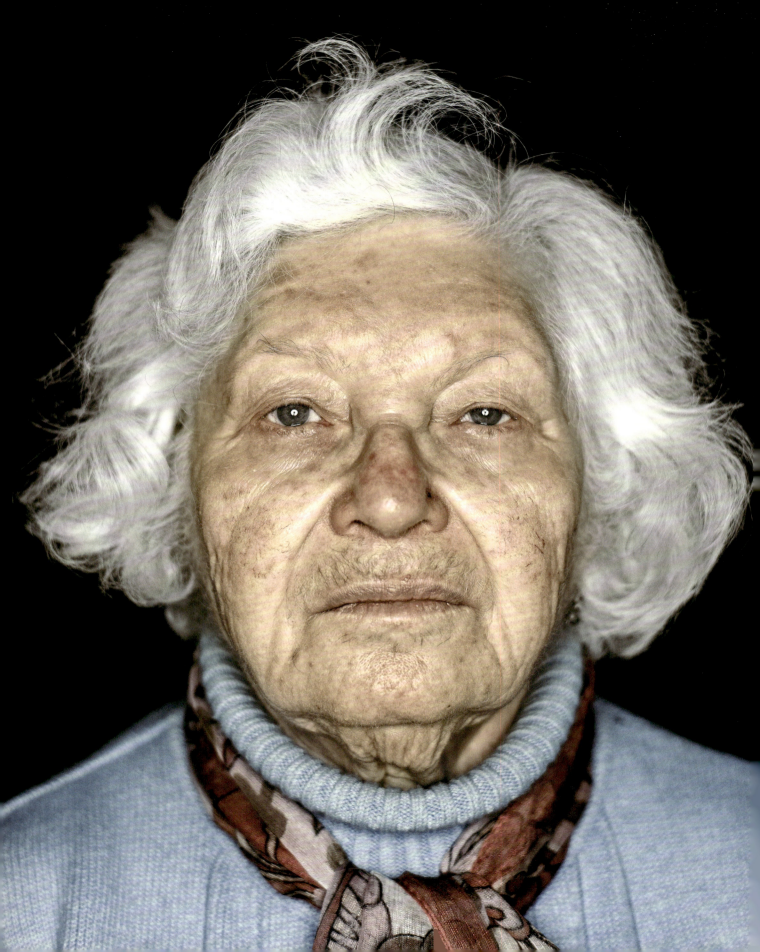

JELISAWETA MELANINA
GEBURTSORT UNBEKANNT
GEBURTSJAHR ETWA 1935

BIS 1945 AUSSENLAGER
SIEGMAR-SCHÖNAU BEI CHEMNITZ
DIE MUTTER ARBEITETE IN
EINER PANZERFABRIK UND IST
IM AUSSENLAGER GESTORBEN.
WAISENHAUS IN CHEMNITZ
DORT WURDE BEI ALLEN KINDERN,
DIE EIN KONZENTRATIONSLAGER
ÜBERLEBT HABEN, DER TAG
DES KRIEGSENDES IN EUROPA
ALS GEBURSTDATUM ANGEGEBEN.

GEGEN DAS VERGESSEN
KIEW 24.02.2015

EVA GEWITSCH
BRATISLAVA/ SLOWAKEI 1926

KZ-AUSSENLAGER IN TROSTBERG
KZ THERESIENSTADT

GEGEN DAS VERGESSEN
HAIFA 03.02.2015

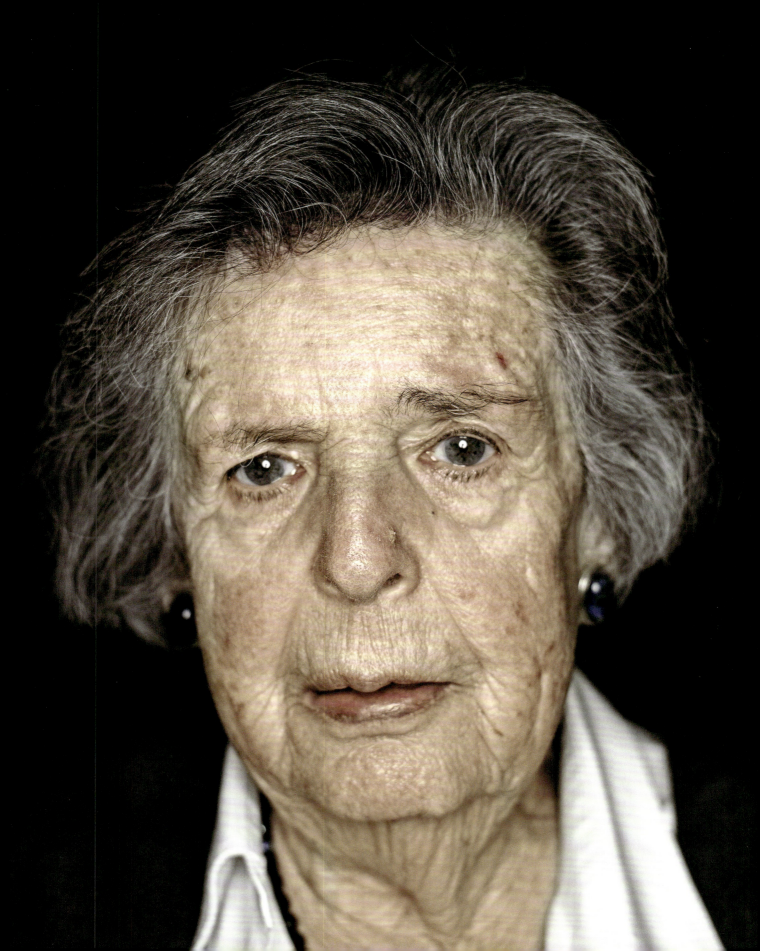

GALINA BYTSCHKOWA
MOSKAU/RUSSLAND 1938

1941 FLUCHT NACH
OREL/RUSSLAND
1943 VERSCHLEPPUNG
NACH DEUTSCHLAND
BEFREIUNG IM APRIL 1945

GEGEN DAS VERGESSEN
MOSKAU 09.01.2015

KSENIJA
OLCHOWA
WARSCHAU/
POLEN
1930

1944
KZ AUSCHWITZ
KZ NEUENGAMME

GEGEN DAS
VERGESSEN
MOSKAU
09.01.2015

JULIJA
SIWAKOWA
MHLYN/
RUSSLAND
1925

1942 BIS 1945
ZEISS IKON
FABRIK DRESDEN

GEGEN DAS
VERGESSEN
MOSKAU
10.01.2015

WASILIJ
MICHAJLOWSKIJ
KIEW/UKRAINE
1937

VON DER
TAGESMUTTER
VOR DEM
MASSAKER VON
BABIJ JAR
GERETTET

GEGEN DAS
VERGESSEN
KIEW
26.02.2015

WLADIMIR
NAUMOW
MINSK/
WEISSRUSSLAND
1932

OKTOBER 1943
BIS APRIL 1945
KZ BIELEFELD
BRACKWEDE

GEGEN DAS
VERGESSEN
MOSKAU
09.01.2015

JURIJ
SCHTSCHUPLOW
MOSKAU/
RUSSLAND
1938

1943 BIS 1944
ARBEITSLAGER
GLEIWITZ

GEGEN DAS
VERGESSEN
MOSKAU
13.01.2015

NATALIJA
BOGATYRENKO
KIEW/
UKRAINE
1940

1943 BIS 1945
KZ FLOSSENBÜRG
MIT MUTTER UND
BRUDER

GEGEN DAS
VERGESSEN
KIEW
23.02.2015

JURIJ FUKS
KIEW/
UKRAINE
1936

VOR DEM
MASSAKER IN
DER SCHLUCHT
BABIJ JAR
GERETTET

GEGEN DAS
VERGESSEN
KIEW
26.02.2015

TATJANA
KOWALJOWA
SELTSO/RUSSLAND
1934

1943 BIS 1945
KZ IN
ÖSTERREICH
VERBLEIB DER
ELTERN UNGEWISS
WAISENHAUS

GEGEN DAS
VERGESSEN
MOSKAU
14.01.2015

HANNA
DYBA
WERBIW/
TERNOPIL/
UKRAINE
1937

1944
GRÄFELFING
BEI MÜNCHEN

GEGEN DAS
VERGESSEN
KIEW
25.02.2015

GERTRUT ROCHE
KONSTADT (WOLCZYN)/
POLEN 1929

KZ AUSCHWITZ
KZ RAVENSBRÜCK
KZ RECHLIN
KZ OCHSENZOLL
KZ HOHENSASEL
BEFREIUNG DURCH
DIE ENGLÄNDER

GEGEN DAS VERGESSEN
INGOLSTADT 22.05.2015

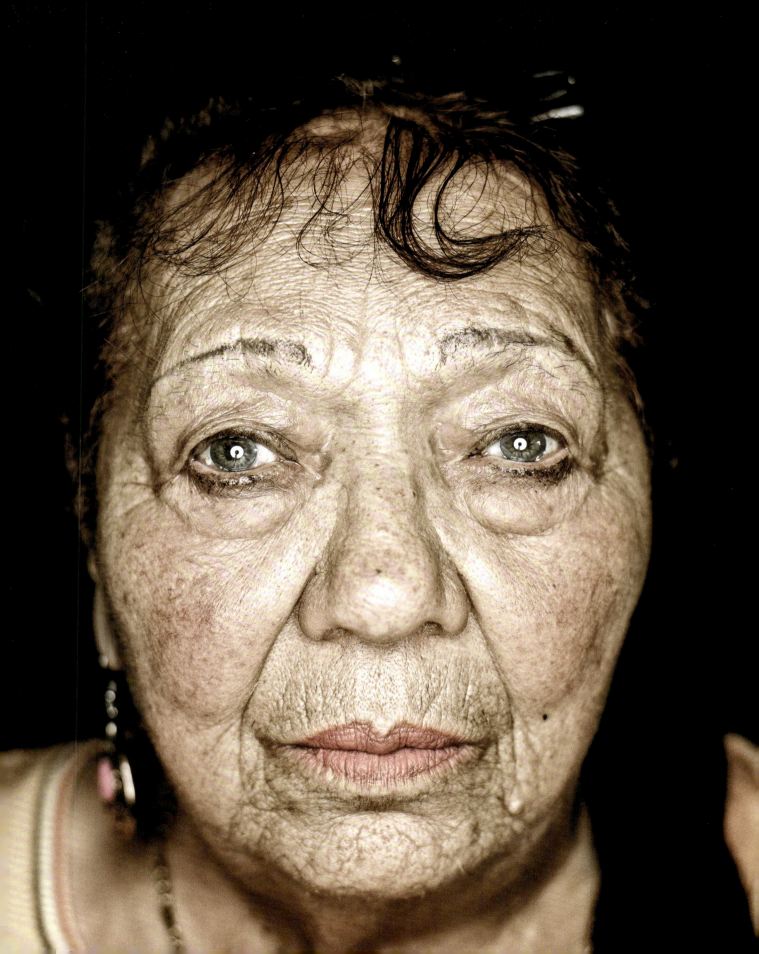

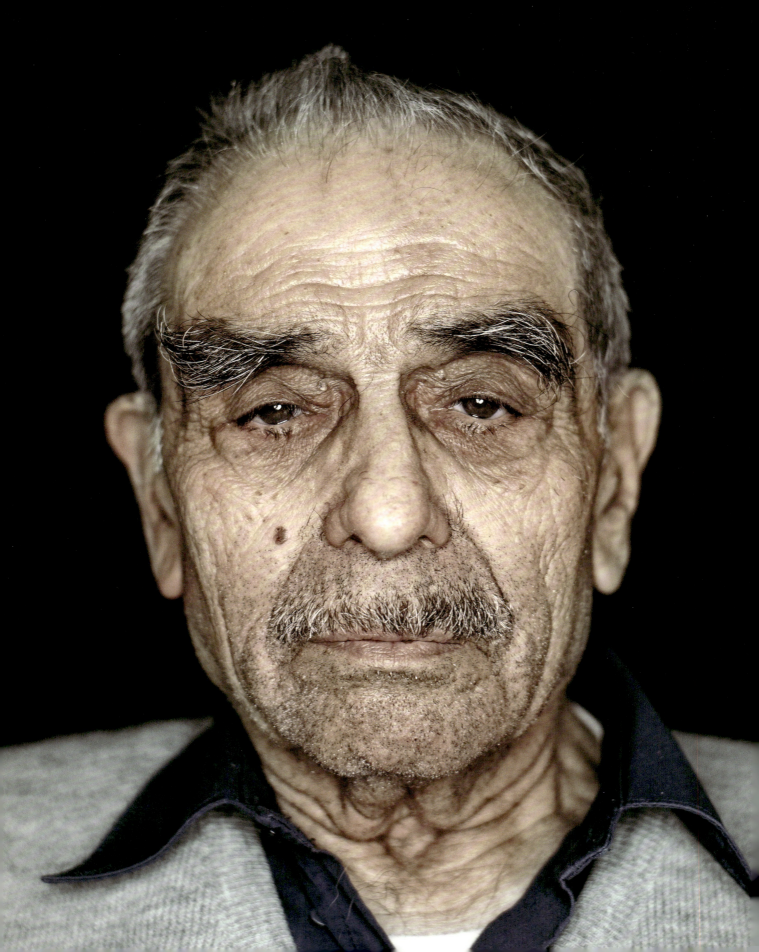

HERMANN SPIEGEL
ZBRKA / POLEN 1928

KZ AUSCHWITZ
KZ ORANIENBURG
KZ LANDSBERG
KZ LANDSHUT
KZ DACHAU

GEGEN DAS VERGESSEN
HAIFA 04.02.2015

HORST SOMMERFELD
FLATOW (ZLOTÓW)/ POLEN 1922

2 JAHRE IN BERLIN VERSTECKT
DANACH MIT DER GANZEN FAMILIE IN
DAS KZ AUSCHWITZ-BIRKENAU
DEPORTIERT
DIE ELTERN UND GESCHWISTER
WURDEN IN AUSCHWITZ GETÖTET.
KZ-AUSSENLAGER IN
HEIDENHEIM/ SCHLOSSBERG
KZ-AUSSENKOMMANDO
MÜHLDORF AMPFING
BEFREIUNG DURCH
DIE US-ARMEE

GEGEN DAS VERGESSEN
GELSENKIRCHEN 12.03.2015

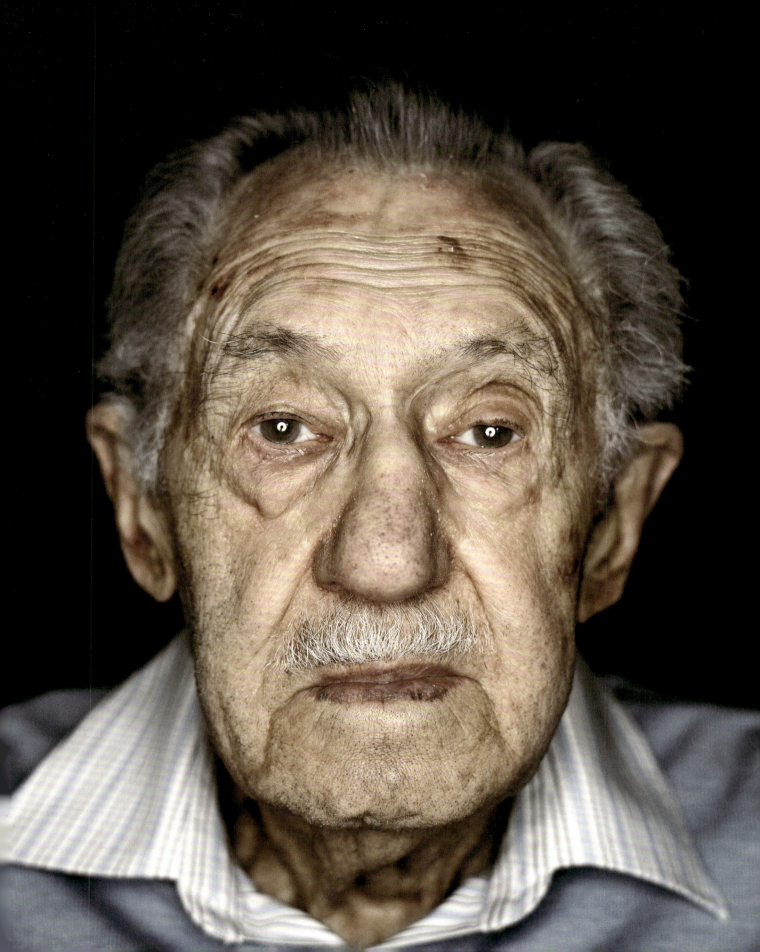

IDA SPEKTOR
TULTSCHIN/UKRAINE 1932

1941 GHETTO
DANACH INTERNIERUNG
KZ PETSCHORA
BEFREIUNG DURCH DIE
SOWJETISCHE ARMEE

GEGEN DAS VERGESSEN
MOSKAU 12.01.2015

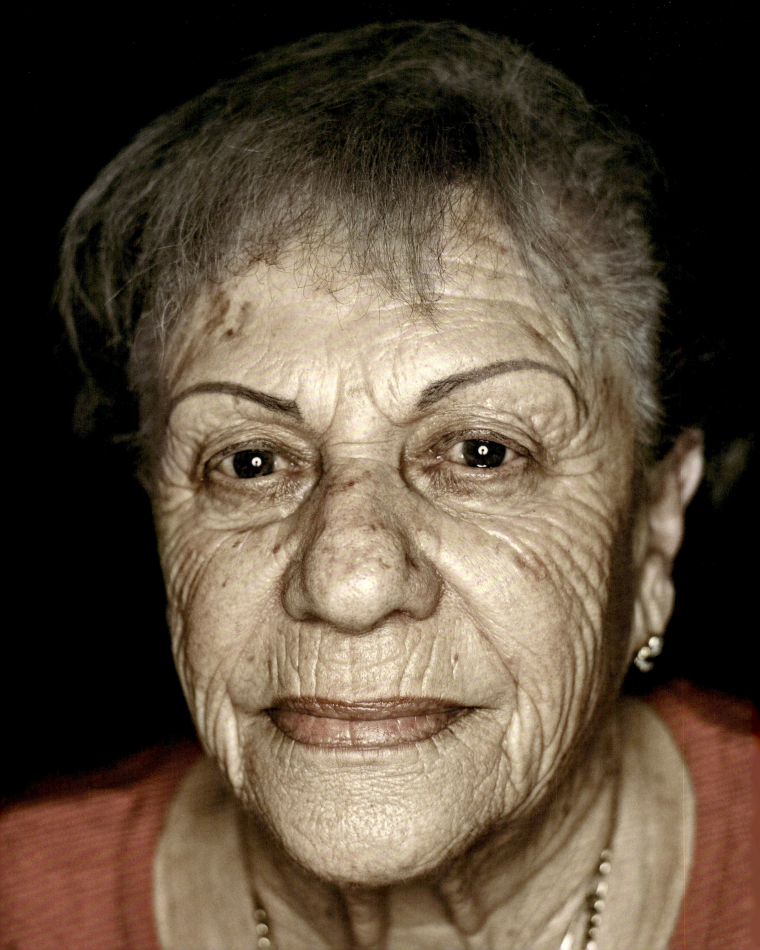

ILSE ZUR
KASSEL/DEUTSCHLAND 1928

1941-1943 GHETTO RIGA
1943-1944 KZ STUTTHOF

GEGEN DAS VERGESSEN
HAIFA 04.02.2015

ISAAK OLSCHANSKI
KISCHINEW/RUMÄNIEN 1928

ZUFLUCHT IN KASACHSTAN
1941 BIS 1946

GEGEN DAS VERGESSEN
KÖLN 11.03.2015

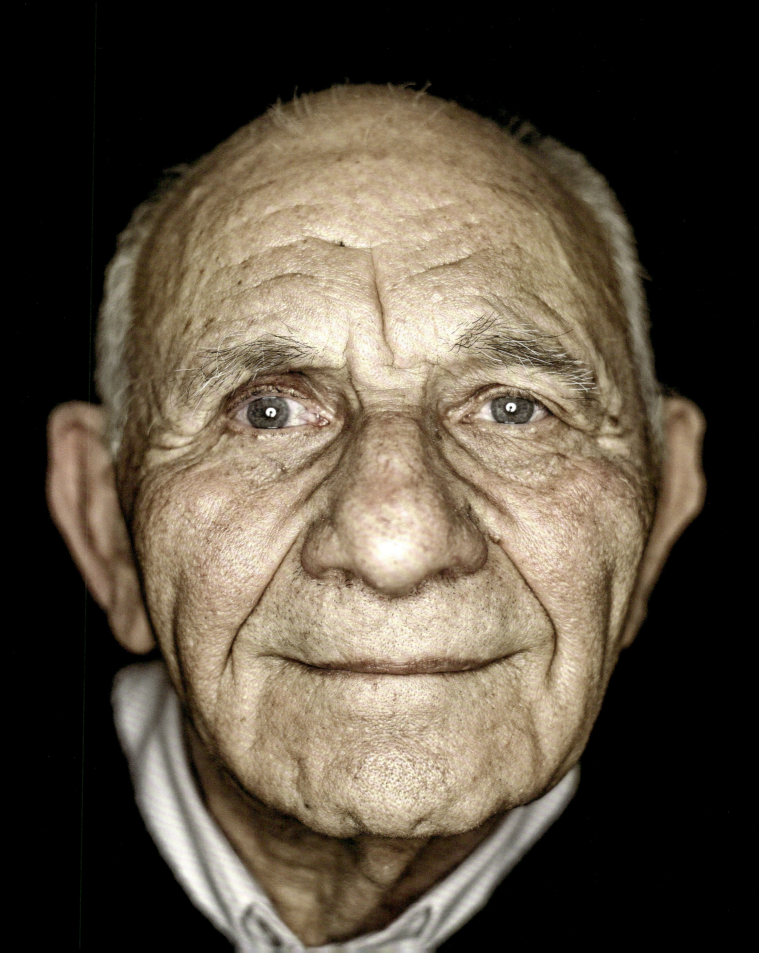

MARKIJAN
DEMIDOW
DUBROWY/
WEISSRUSSLAND
1935

MÄRZ 1943 BIS
MAI 1943
KZ SALASPILS BEI
RIGA/ LETTLAND

GEGEN DAS
VERGESSEN
KIEW
23.02.2015

LJUBOW
KASAKOWA
KIEW/UKRAINE
1936

GERETTET
VOR DER
ERSCHIESSUNG
IN DER
SCHLUCHT
BABIJ JAR

GEGEN DAS
VERGESSEN
KIEW
26.02.2015

LJUDMILA
MIRONENKO
STOHL/UKRAINE
1944

3. DEZEMBER
1944 BIS
MAI 1945
STOHL

GEGEN DAS
VERGESSEN
KIEW
24.02.2015

NADESHA
TSCHUMA-
KOWSKAJA
MÜNCHEN
1944

MÜNCHEN BIS
1945

GEGEN DAS
VERGESSEN
KIEW
24.02.2015

OLEG
LYSENKO
LÜTZLOW/
DEUTSCHLAND
1944

NACH BEFREIUNG
RÜCKKEHR IN
DIE UKRAINE

GEGEN DAS
VERGESSEN
KIEW
25.02.2015

ALEKSANDR
MALOWIZA
DNEPROPE-
TROWSK/
UKRAINE
1926

1942 BIS 1945
OSTARBEITER IN
DER GEMEINDE
ACHTERWEHR
BEI KIEL

GEGEN DAS
VERGESSEN
KIEW
23.02.2015

OLGA
DUBINA
DEUTSCHLAND
1944

NACH DER
BEFREIUNG
ZURÜCK NACH
PEREJASLAW

GEGEN DAS
VERGESSEN
KIEW
25.02.2015

PJOTR
BURENKO
RÖTGESBÜTTEL
BRAUNSCHWEIG
1944

INTERNIERUNG
RÖTGESBÜTTEL
BRAUNSCHWEIG

GEGEN DAS
VERGESSEN
KIEW
23.02.2015

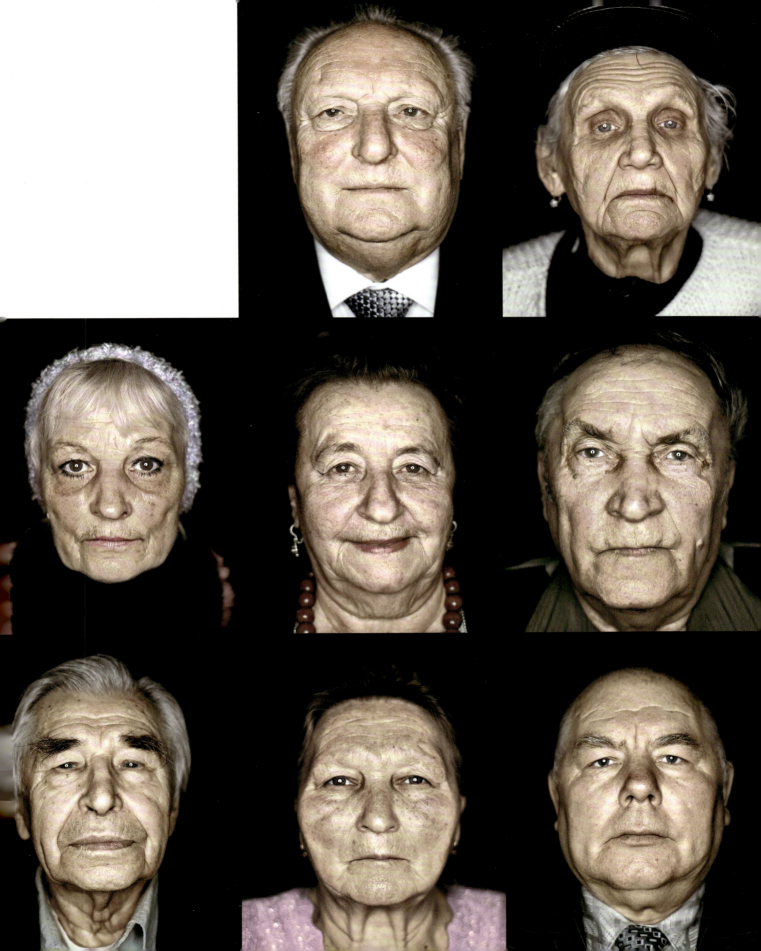

ISAAK SHVAGIN
GORKI/WEISSRUSSLAND 1927

FLUCHT IN DAS GEBIET
MOLOTOV (PERM)/RUSSLAND
1944 SCHULABSCHLUSS
IN NYTVA/RUSSLAND

GEGEN DAS VERGESSEN
KÖLN 11.03.2015

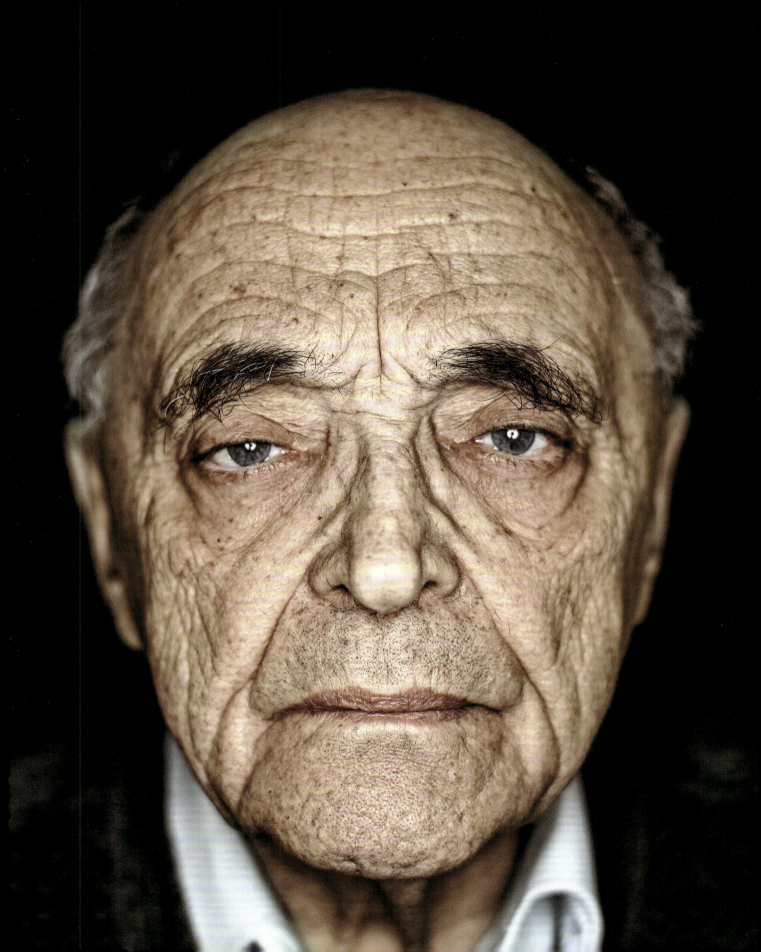

JAQUELINE MENDEL
PARIS/FRANKREICH 1935

30. JULI 1942 FLUCHT AUS PARIS IN
DEN UNBESETZTEN SÜDEN FRANKREICHS
NACH DER ÜBERQUERUNG DER GRENZE
IN RIBÉRAC VERHAFTET UND DEN
FRANZÖSISCHEN BEHÖRDEN ÜBERGEBEN
WURDEN NICHT EINGESPERRT, MUSSTEN
ABER IN DER NÄHE BLEIBEN
FAMILIE ZOG FÜR 29 MONATE IN
EINE KLEINE WOHNUNG IM
DORF LE GOT KEINE ELEKTRIZITÄT
KEIN WASSER HUNGER
ETWA 20 ENGE FAMILIENANGEHÖRIGE
WURDEN NACH SOBIBOR UND AUSCHWITZ
DEPORTIERT UND GETÖTET.
NOVEMBER 1944 RÜCKKEHR
IN DIE ALTE WOHNUNG IM
NUN BEFREITEN PARIS

GEGEN DAS VERGESSEN
WASHINGTON DC 16.06.2015

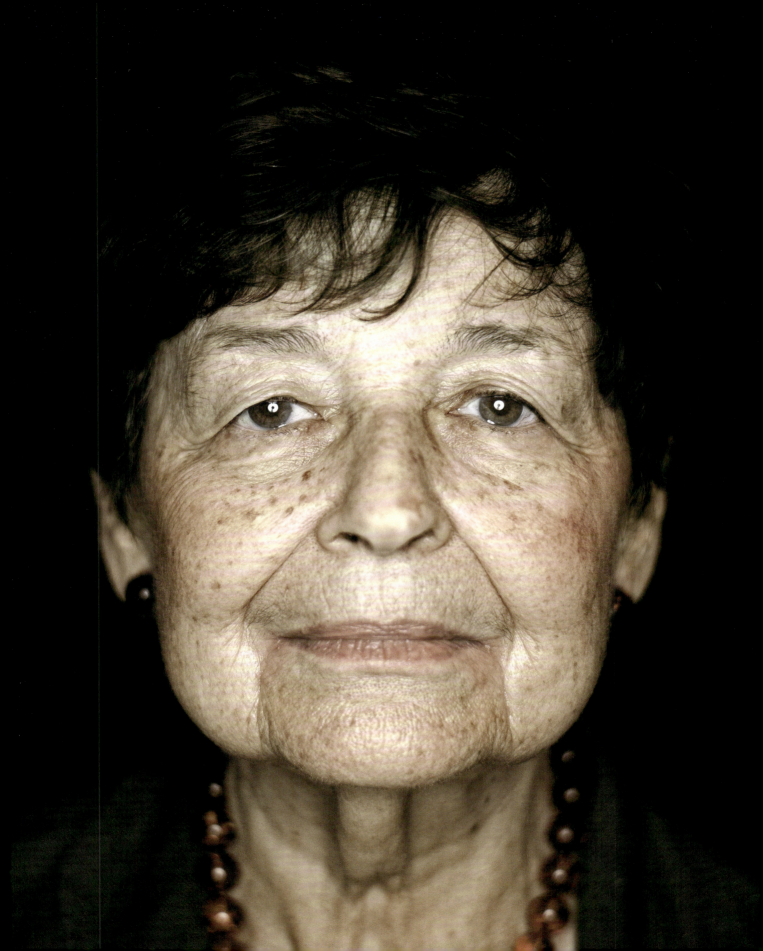

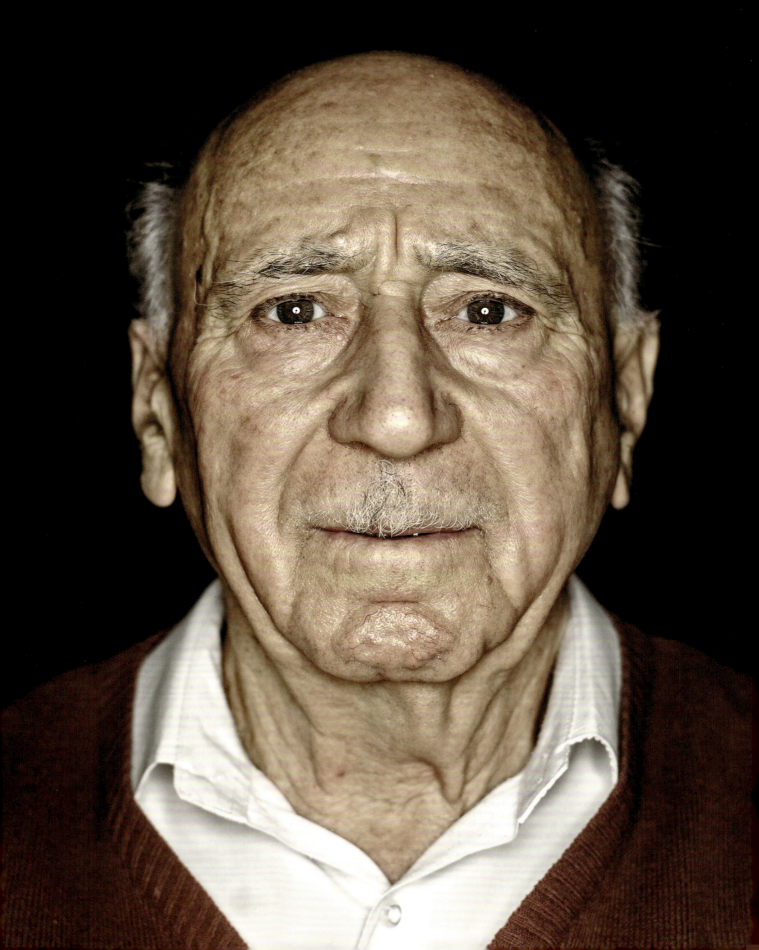

IOSIF SIMONJAN
DNEPROPETROWSK/UKRAINE 1932

OKTOBER 1943 BIS MAI 1945
ARBEITSLAGER AN DER
ÖSTERREICHISCHEN GRENZE

ÜBER EIN DURCHGANGSLAGER
IN POLEN NACH DEUTSCHLAND
VERSCHLEPPT
1943 BIS 1945 ZWANGSARBEIT
BEI DER EISENBAHN
1945 BEFREIUNG DURCH
DIE US-ARMEE
RÜCKKEHR IN DIE HEIMAT

GEGEN DAS VERGESSEN
HAIFA 03.02.2015

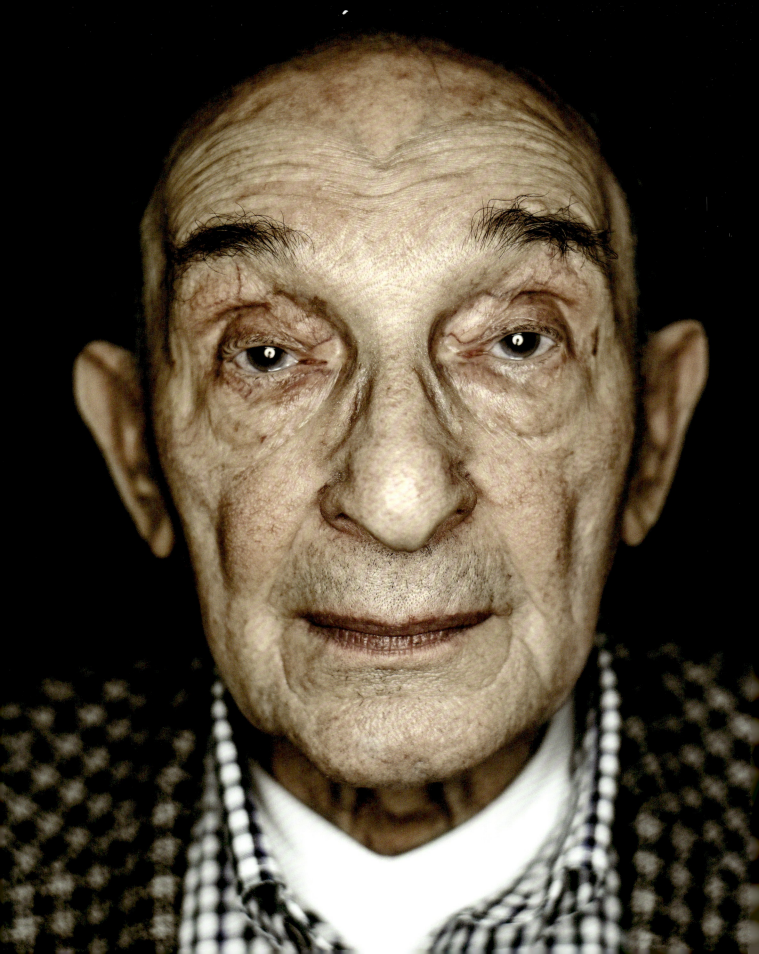

KARL SPILLER
SOSNOWITZ/POLEN 1923

VIELE LAGER UNTER ANDEREM
AUSCHWITZ-BIRKENAU
FELDAFING
KAUFBEUREN
LANDSBERG AM LECH
LANDSHUT
MARKSZLAT
IM RATHAUS GEFANGEN GENOMMEN
DREI TAGE KNIENEND UND OHNE
ESSEN WURDE SCHNEIDER UND HAT
UNIFORMEN FÜR DIE DEUTSCHE
LUFTWAFFE GESCHNEIDERT
„DER JOB WAR EIN GROSSES
GLÜCK FÜR MICH.“
1940 ZWANGSARBEITSLAGER
GROSSWALOWITZ
ZWANGSARBEITSLAGER ANNABERG
IM SOMMER 1945 REGENSBURG

GEGEN DAS VERGESSEN
KÖLN 11.03.2015

LARISA FLOROWA
ORSCHA/GEBIET WITEBSK/
WEISSRUSSLAND 1938

MÄRZ 1944 BIS 1945
DÜSSELDORF FREIENBESSINGEN
DURCHGANGSLAGER IN
ERFURT/STRIEGAU/
MÜHLHAUSEN/DÜSSELDORF
ZWANGSARBEIT MIT SOWJETISCHEN
KRIEGSGEFANGENEN UND POLEN
1945 BEFREIUNG DURCH
DIE ROTE ARMEE

GEGEN DAS VERGESSEN
MOSKAU 11.01.2015

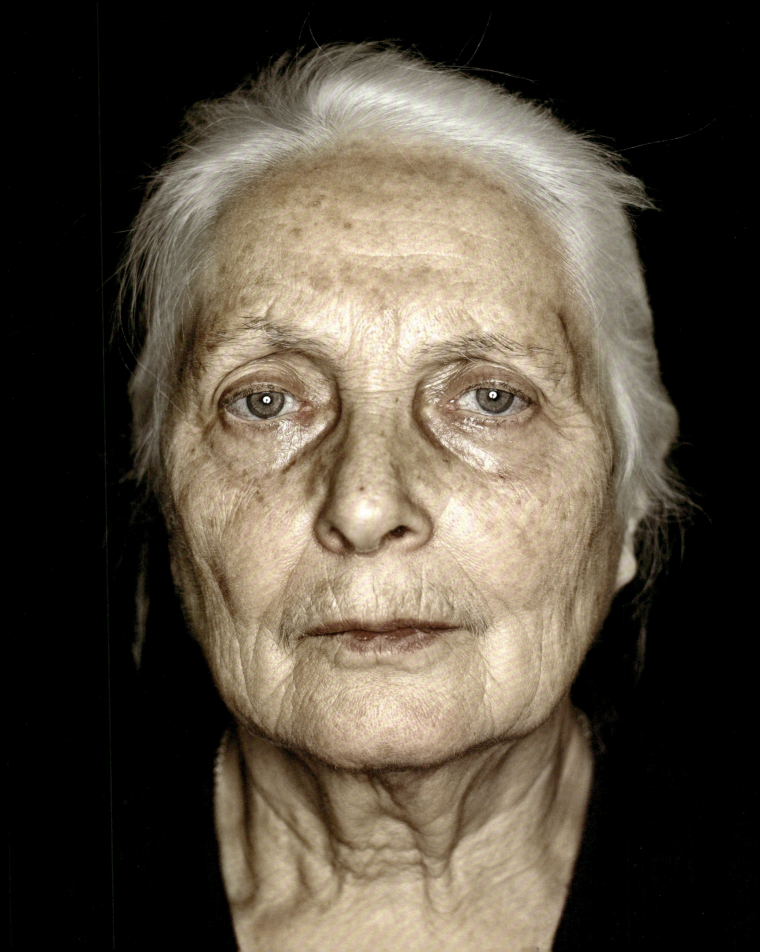

NADESCHDA SLESAREWA
DNEPROPETROWSK/UKRAINE 1930

KZ MÜNCHEN UND KZ STUTTGART
ENDE MAI 1944
AUFRÄUMARBEITEN NACH EINEM
BOMBENANGRIFF IN BERLIN
JUNI 1944 BIS MAI 1945
BAUMATERIALFABRIK IN STETTIN
AUF DEM WEG DURCH
DEUTSCHLAND EINIGE TAGE/
MONATE IN KONZENTRATIONSLAGERN

GEGEN DAS VERGESSEN
KIEW 23.02.2015

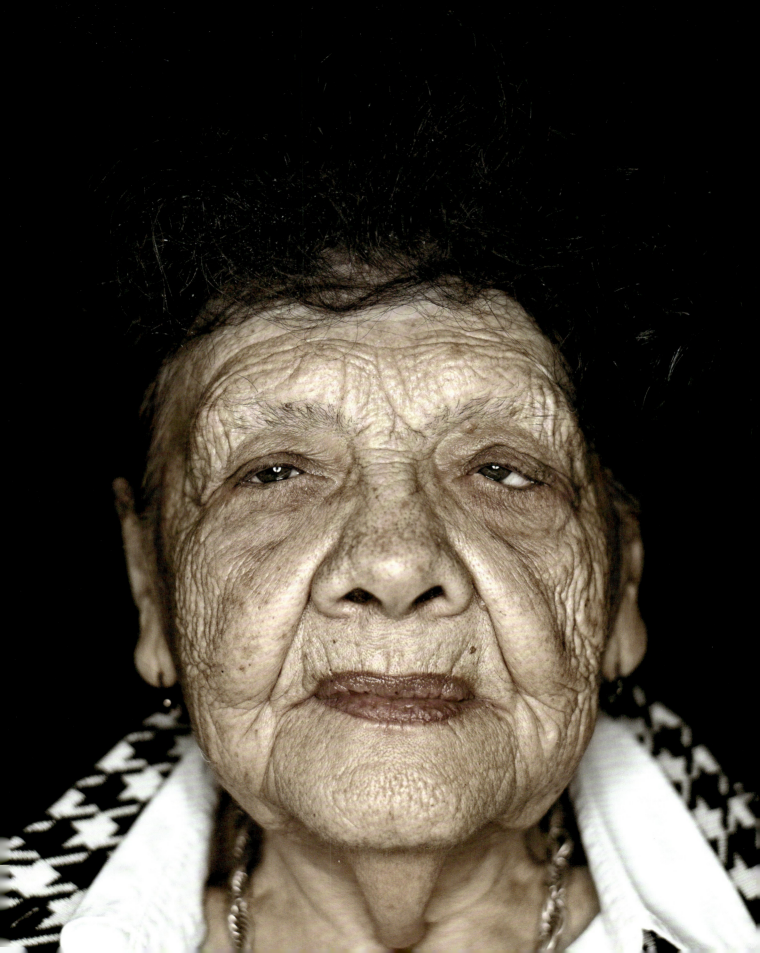

WALENTINA GRIGORJEWA
SWIR/UKRAINE
1 9 3 6

STADT PETROSAWODSK/
FINNLAND
KONZENTRATIONSLAGER
NUMMER 6 UND 3
SEPTEMBER 1941 BIS
JULI 1944

GEGEN DAS VERGESSEN
KIEW
2 4 . 0 2 . 2 0 1 5

SOJA KRIWITSCH
KIEW/UKRAINE 1928

1942 BIS 1945
ARBEITSLAGER BEI
EINER MILITÄRISCHEN
PULVERFABRIK IN
SCHÖNEBERG

GEGEN DAS VERGESSEN
KIEW
23.02.2015

SINAIDA SINIZKAJA
JANOWITZ/
TSCHECH. REPUBLIK
1943

1942 BIS 1945
ELTERN ARBEITETEN IN
EINER HOLZFABRIK
MAI 1945 BEFREIUNG

GEGEN DAS VERGESSEN
KIEW
24.02.2015

LEV SELEZNEV
LENINGRAD/RUSSLAND 1937

BELAGERUNG VON LENINGRAD
8. SEPTEMBER 1941
BIS FEBRUAR 1942
SEHR LEBENDIGE ERINNERUNGEN
„WIR SPIELTEN IM HOF UND
PLÖTZLICH HÖRTEN WIR DIE SCHREIE
DER ERZIEHERINNEN KRIEG! KRIEG!"
KINDER SOLLTEN AUS DEM VORORT
ZURÜCK NACH LENINGRAD GEBRACHT
WERDEN/ZUG DAHIN VON
FASCHISTEN BOMBARDIERT
FLUCHT IN DEN WALD/
VOM FLUGZEUG AUS BESCHOSSEN
„DER PILOT SCHIESST
AUF MICH UND LÄCHELT."
ÜBER ZUGEFRORENEN LADOGASEE/
DIE STRASSE DES LEBENS EVAKUIERT
DER JÜNGERE BRUDER STARB
AUF DEM WEG AN UNTERERNÄHRUNG.
FEBRUAR 1942

GEGEN DAS VERGESSEN
KÖLN 11.03.2015

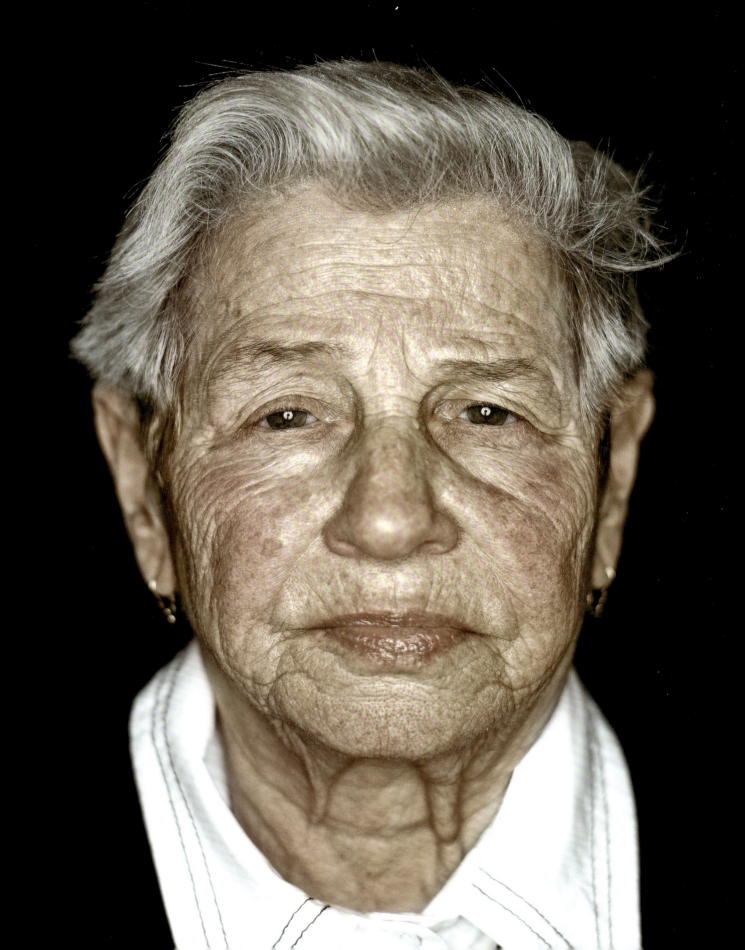

MARIA NEIMANN
BORISOW/MINSK/
WEISSRUSSLAND 1930

GHETTO IN BORISOW
1. JULI 1941 BIS DEZEMBER 1941
1. JANUAR 1942 BIS 1948
ZUSAMMEN MIT DER JÜNGEREN
SCHWESTER IM WAISENHAUS IN
BORISOW UNTER DEM NAMEN KOSYR

GEGEN DAS VERGESSEN
KÖLN 11.03.2015

NINA LASENKO
PEREJASLAW-CHMELNYZKYJ/
UKRAINE 1932

SEPTEMBER 1941 BIS
SEPTEMBER 1943
IN WARNAU/DEUTSCHLAND BEI
KARL NEUMAN GEARBEITET
„MAN HÖRTE DIE SCHÜSSE."
HAUS DURCH EINEN BOMBENANGRIFF
ZERSTÖRT/MUTTER MUSSTE VIER
JAHRE LANG MIT DREI KINDERN
IN EINER ERDHÜTTE WOHNEN
„WIR HABEN ERFAHREN,
WAS ANGST UND KÄLTE, HUNGER
UND ZWANGSARBEIT SIND."

GEGEN DAS VERGESSEN
PEREJASLAW/UKRAINE 25.02.2015

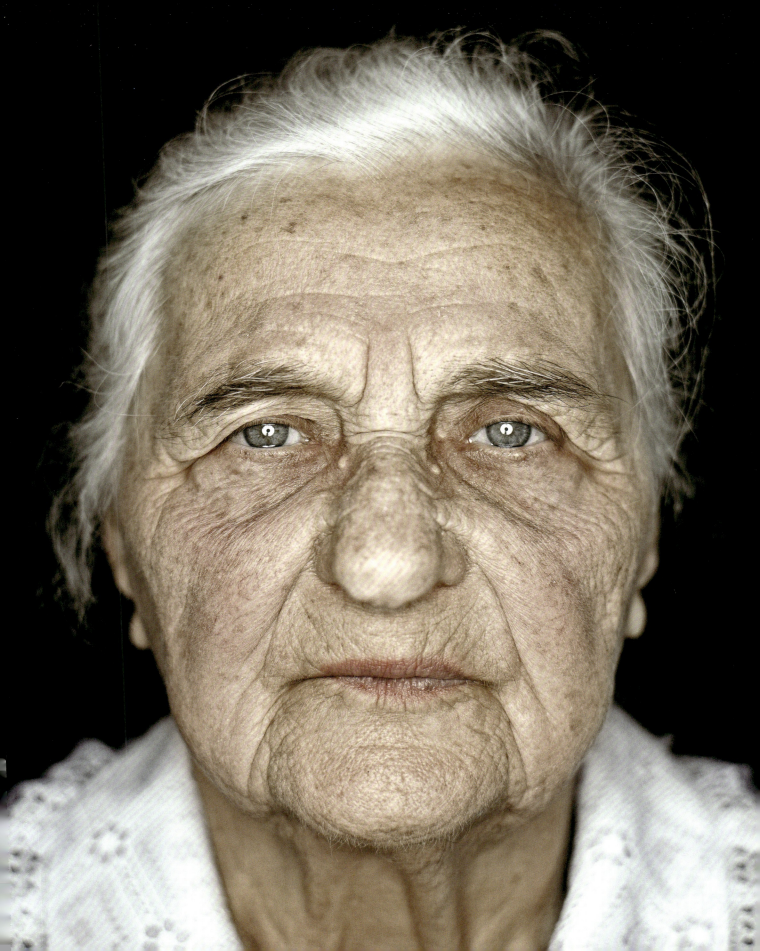

ALEKSANDR SKLJANSKIJ
KIEW/UKRAINE 1937

„MEIN BRUDER UND ICH WURDEN DANK
JEWGENIJA BOBOWIK UND WIKTOR
BOBOWIK SOWIE IHRER TOCHTER
JELENA VOR DER ERSCHIESSUNG IN
BABIJ JAR GERETTET. SIE WURDEN ZU
UNSEREN BEGLEITERN AUF DEM WEG
ZUM FRIEDEN."

GEGEN DAS VERGESSEN
KIEW 26.02.2015

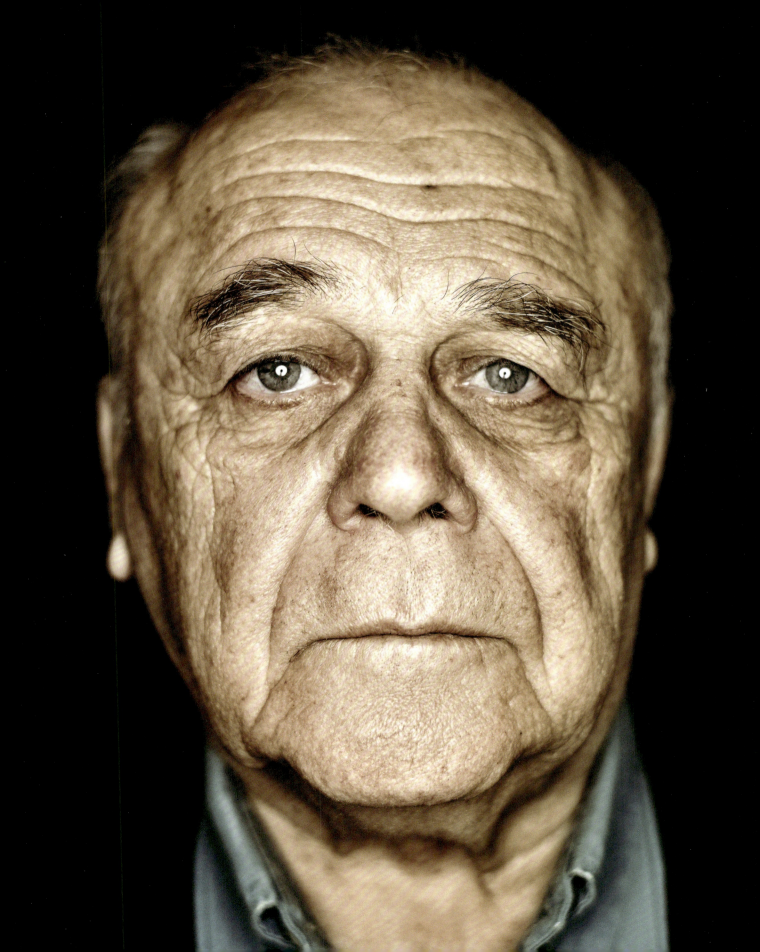

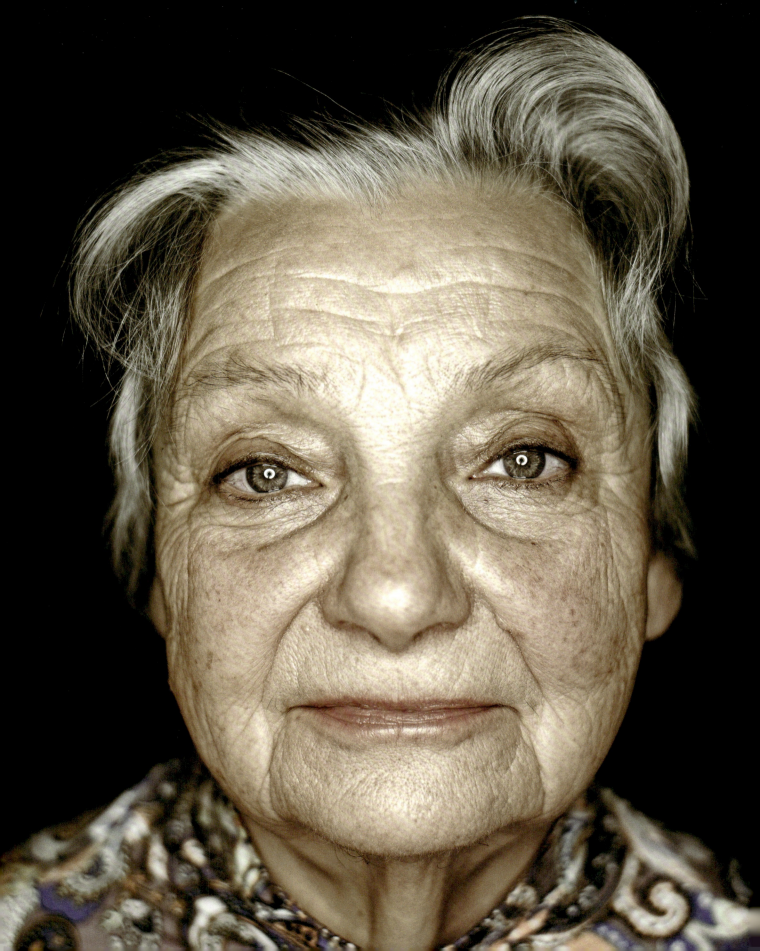

GALINA MARTYSCH
PUSCHKIN / RUSSLAND 1938

ZWANGSARBEITSLAGER BEI AUGSBURG
NOVEMBER 1942 BIS APRIL 1945
MUSSTE MIT 3 1/2 JAHREN MIT DER
MUTTER ZU FUSS 250 KM ZUR STATION
DOBRUGI GEHEN VON DORT NACH
DEUTSCHLAND TRANSPORTIERT
MUTTER ARBEITETE IM
MESSERSCHMITT-WERK

GEGEN DAS VERGESSEN
KIEW 23.02.2015

REMA
TCHOUDNOVSKAIA
MOGILEW/
WEISSRUSSLAND
1931

BELAGERUNG VON
LENINGRAD JUNI
1941 BIS MAI
1945

GEGEN DAS
VERGESSEN
KÖLN
11.03.2015

YEVA
VIKNYANSKA
KRIWOJ ROG/
UKRAINE
1936

„KINDER SIND
UM UNS HERUM
GESTORBEN."

GEGEN DAS
VERGESSEN
KÖLN
11.03.2015

NATALIA
RAKSINA
LENINGRAD/
RUSSLAND
1931

IM BELAGERTEN
LENINGRAD BIS
JULI 1942
EVAKUIERUNG
JULI 1942 BIS
MAI 1945

GEGEN DAS
VERGESSEN
KÖLN
11.03.2015

DR.GRETE IONKIS
PAVLOV/ NIJNII
NOVGOROD/
RUSSLAND
1937

EVAKUIERUNG AUS
NOWORSSIJSK
ODESSA AB MAI
1944

GEGEN DAS
VERGESSEN
KÖLN
11.03.2015

NINA
KRUPP
LENINGRAD/
RUSSLAND
1930

BELAGERUNG
VON LENINGRAD
1941 BIS 1944

GEGEN DAS
VERGESSEN
KÖLN
11.03.2015

GALINA
KISHMERESHKINA
LENINGRAD/
RUSSLAND 1931

1941 BIS 1944
KÄLTE HUNGER
BOMBENANGRIFFE
BELAGERUNG VON
LENINGRAD

GEGEN DAS
VERGESSEN
KÖLN
11.03.2015

BORIS SABARKO
UNBEKANNT
1935

GHETTO
SHARGOROD/
GEBIET
WINNIZA/
UKRAINE
1941 BIS 1944

GEGEN DAS
VERGESSEN
KIEW
26.02.2015

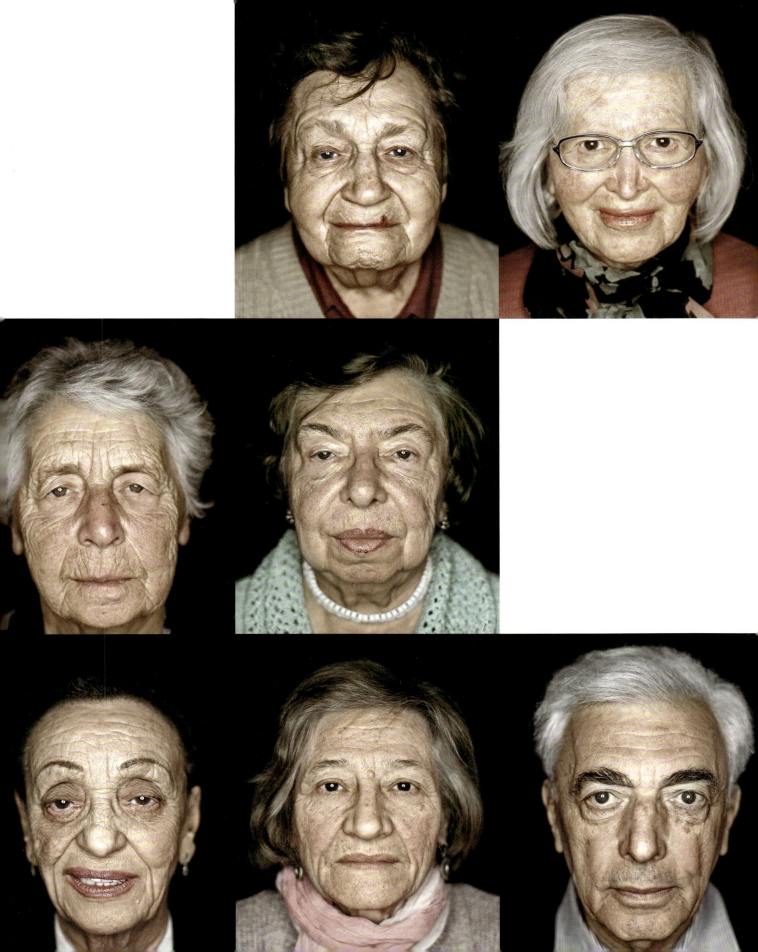

ALEKSEIJ MELANIN
WORONESCH/RUSSLAND 1935

KZ OSTROGORSK BEI WORONESCH/
RUSSLAND 1942 BIS 1943
GESAMTE FAMILIE WURDE INTERNIERT
DIE SCHWESTER IST IM
KZ VERHUNGERT.
BEIDE OMAS WURDEN WEGEN
ARBEITSVERWEIGERUNG ERSCHOSSEN.

GEGEN DAS VERGESSEN
KIEW 24.02.2015

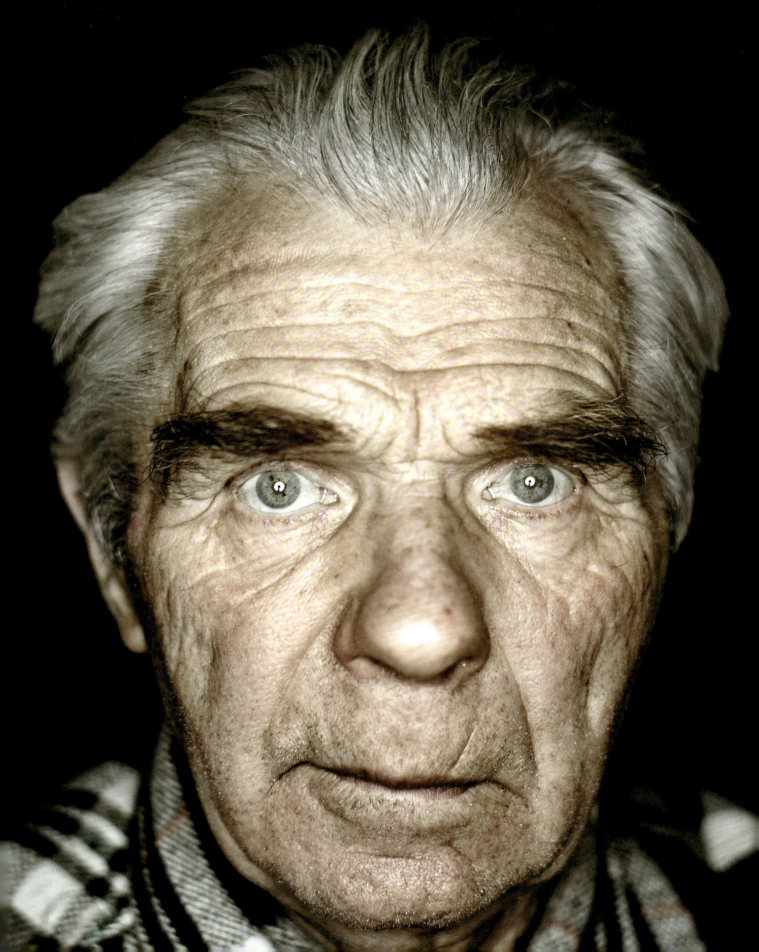

GALINA LAPSCHYNOWA
ODILLJA / KIEW / UKRAINE 1926

EINE SCHWESTER WURDE GETÖTET.
NACH DEUTSCHLAND VERSCHLEPPT
BAUERNHOF STEINHUDE
AB NOVEMBER 1943
LAGER 1944-1945
BEFREIUNG DURCH
DIE BRITISCHE ARMEE

GEGEN DAS VERGESSEN
MOSKAU 10.01.2015

OLGA GADSJA
PODILLJA/KIEWA/UKRAINE 1926

KZ RAVENSBRÜCK
KZ-NUMMER 12987 1942-1945
ARBEITETE ALS NÄHERIN/
FERTIGTE SOLDATENMÄNTEL
VOR DEM KONZENTRATIONSLAGER IM
GEFÄNGNIS-WAR KRANK ABER KRANKE
WURDEN ALS SIMULANTEN BESTRAFT
EINE SCHWESTER WURDE GETÖTET.
1945 FLUCHT NACH PALÄSTINA

GEGEN DAS VERGESSEN
KIEW 25.02.2015

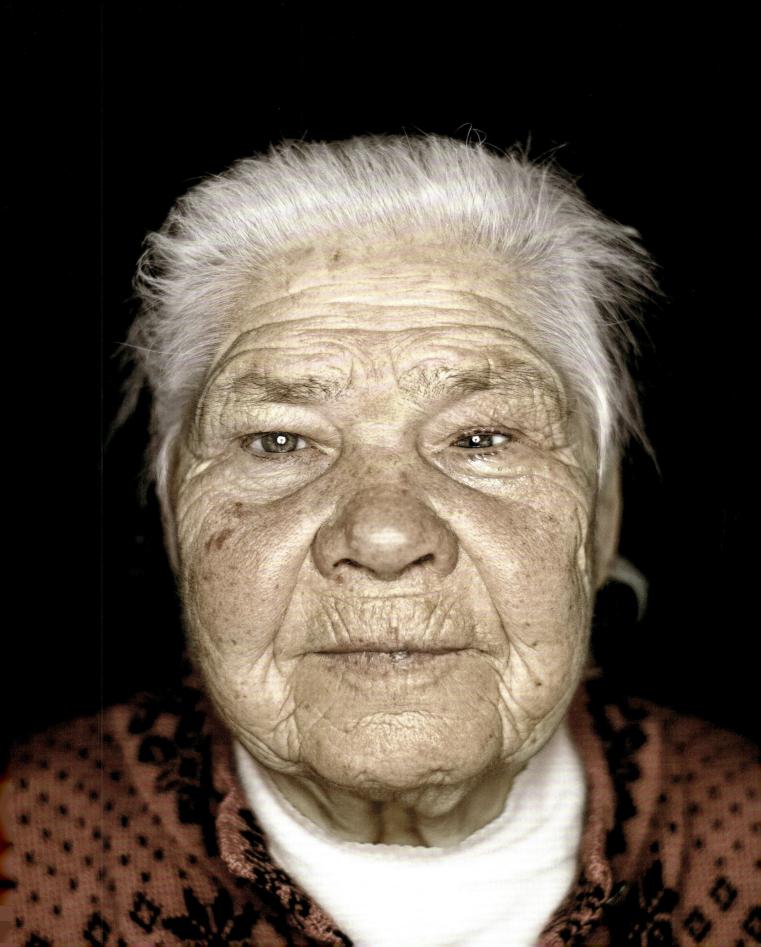

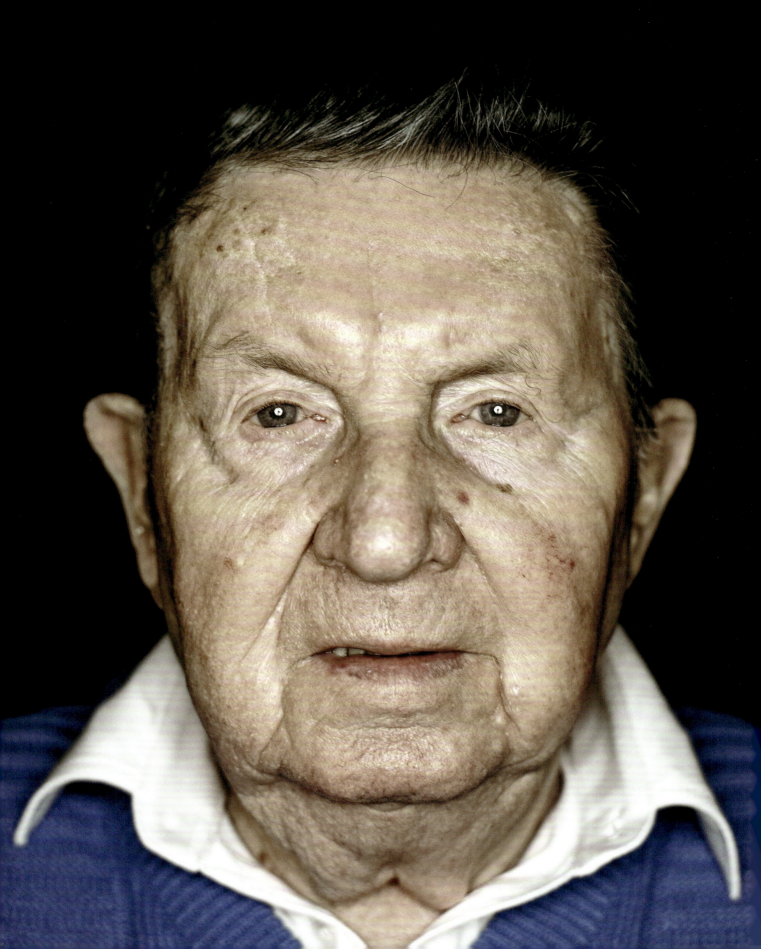

PEREZ ZUR
LODZ/POLEN 1924

GHETTO LOTZCH
KZ AUSCHWITZ
KZ BERGEN-BELSEN

GEGEN DAS VERGESSEN
HAIFA 04.02.2015

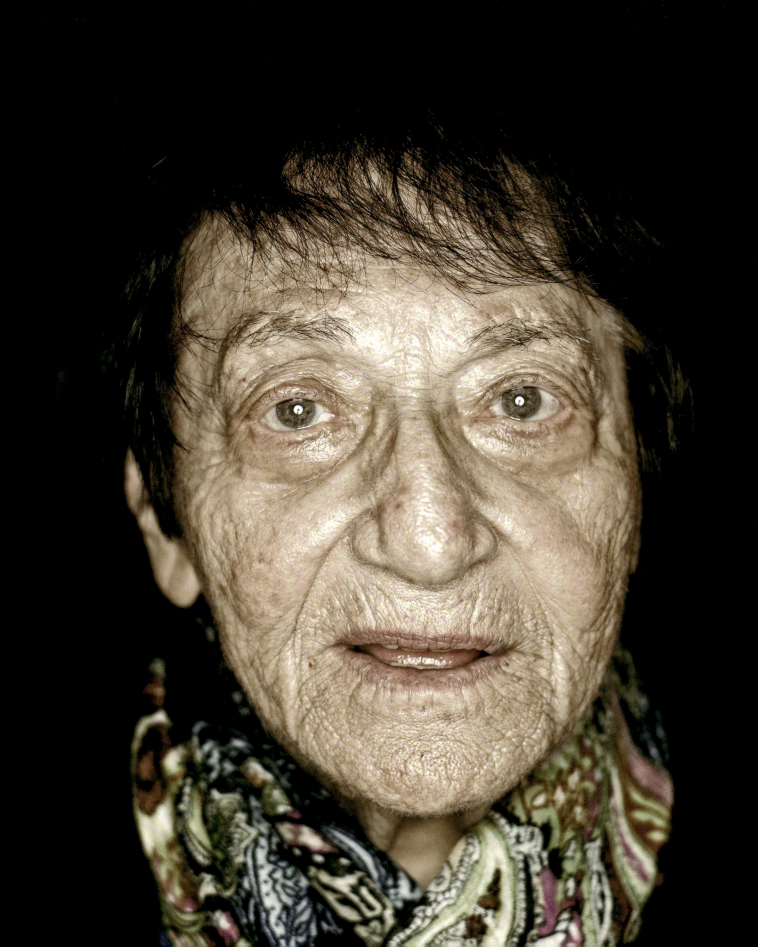

RUTH LÖB
DÜSSELDORF/DEUTSCHLAND 1925

NACH DER KRISTALLNACHT
MIT DER MUTTER NACH
STRASSBURG GEFLÜCHTET
WEITER ÜBER FRANKREICH
IN DIE SCHWEIZ
DER VATER WURDE VON DER
WEHRMACHT ERSCHOSSEN.

GEGEN DAS VERGESSEN
HAIFA 04.02.2015

HEIM SCHULKIN
NOWO-SHITOMIR/UKRAINE 1928

GHETTO NOWO-SHITOMIR 1941
KZ LJUBIMOWKA OKTOBER BIS
DEZEMBER 1942
DEZEMBER 1942 FLUCHT AUS
DEM KONZENTRATIONSLAGER
BIS DEZEMBER 1944 UNTER DEM
NAMEN ANDRJUSCHTSCHENKO
WASILIJ (PETROWITSCH)
AUF DER FLUCHT
ZOG AUF ANWEISUNG DER
SOWJETISCHEN ARMEE UNTER
DIESEM NAMEN IN DEN KRIEG
SCHWER VERLETZT IN POLEN
27. APRIL 1945
NOVEMBER 1946 DEMOBILISIERT

GEGEN DAS VERGESSEN
KÖLN 11.03.2015

WIKTOR MATWEJEW
LEIPZIG/DEUTSCHLAND 1945

LITAUEN/POLEN/DEUTSCHLAND
(INTERNIERUNG ELTERN)
1941 BIS 1945
OKTOBER 1945 RÜCKKEHR
DER FAMILIE IN DIE UDSSR

GEGEN DAS VERGESSEN
MOSKAU 13.01.2015

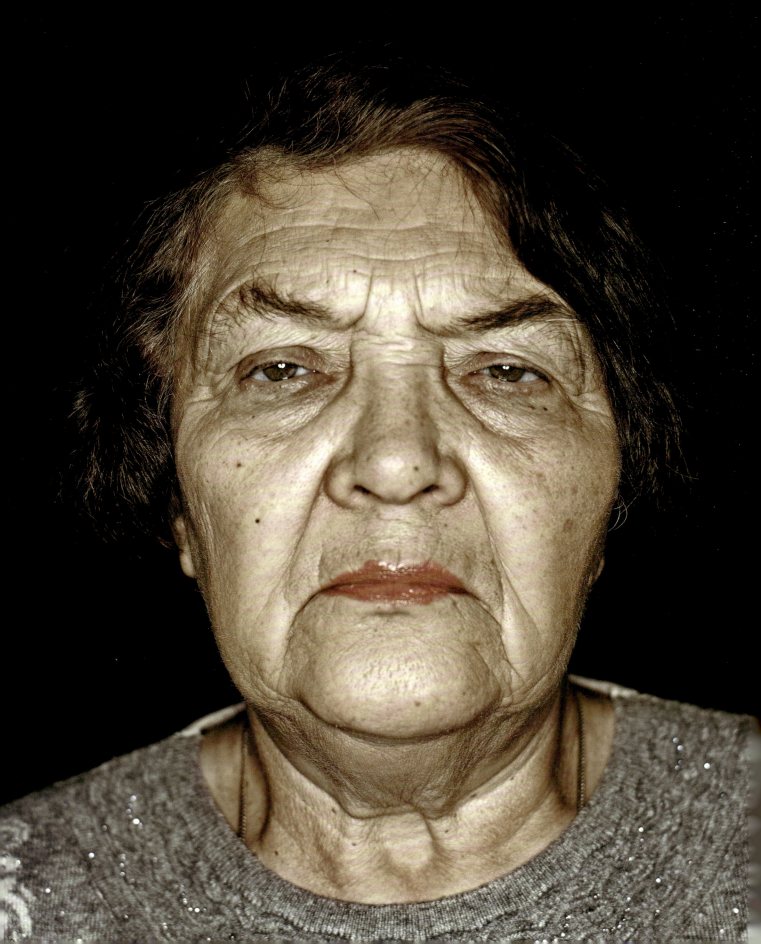

LINA FEDOROWNA
SCHTSCHOLKOWO/
GEBIET MOSKAU/RUSSLAND
1937

1941 BIS 1944 ARBEITSLAGER
IN LITAUEN

GEGEN DAS VERGESSEN
MOSKAU 09.01.2015

SOFIJA GOLJAND
PEREJASLAW-CHMELNYZKYJ/
UKRAINE 1924

1941 BIS 1945 EISENSTEIN
MIT 15 JAHREN NACH
DEUTSCHLAND VERSCHLEPPT
AUF BAUERNHOF GEARBEITET
VON AMERIKANISCHEN
TRUPPEN BEFREIT

GEGEN DAS VERGESSEN
KIEW 25.02.2015

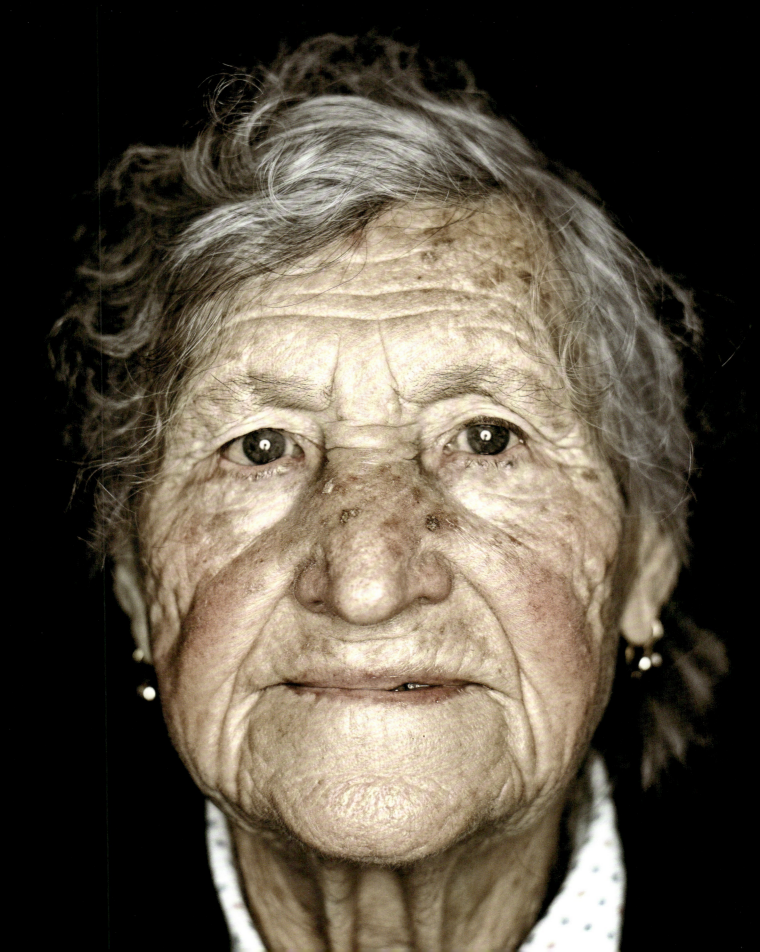

SUSAN CERNYAK-SPATZ
WIEN/ÖSTERREICH 1922

MAI 1942 GEMEINSAM MIT IHRER
MUTTER INS GHETTO
THERESIENSTADT EINGEWIESEN
JANUAR 1943 DEPORTATION IN
DAS KZ AUSCHWITZ-BIRKENAU
JANUAR 1945 TODESMARSCH IN DAS
KONZENTRATIONSLAGER RAVENSBRÜCK
FRÜHJAHR 1945 BEFREIUNG
DURCH DIE ROTE ARMEE

GEGEN DAS VERGESSEN
HEIDELBERG 18.09.2014

WIKTOR KIREJEW
BEZIRK KIROW / RUSSLAND 1937

1942 ROSLAWL
KZ LESNAJA / RUSSLAND
1944 BEFREIUNG DURCH
DIE SOWJETISCHE ARMEE

GEGEN DAS VERGESSEN
MOSKAU 14.01.2015

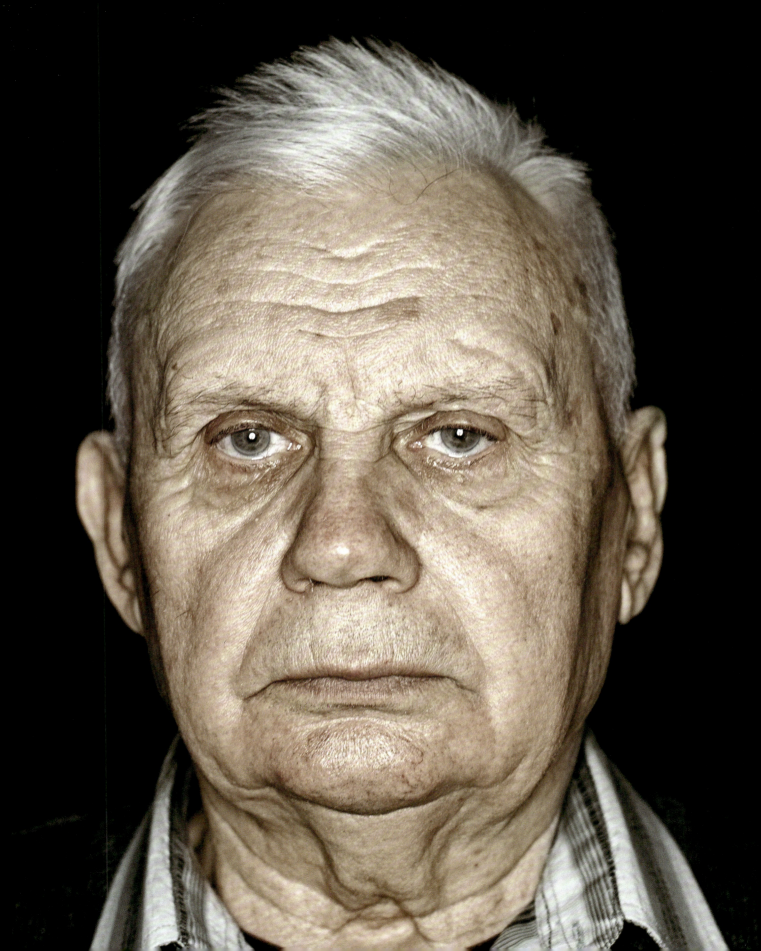

ALEKSANDR
SHYWOW
TARUSSA/
RUSSLAND
1941

1941 BIS 1942
TARUSSA/
RUSSLAND

GEGEN DAS
VERGESSEN
MOSKAU
14.01.2015

OLEG
PERWOSWANSKIJ
KARATSCHEW/
RUSSLAND
1937

1943 BIS 1945
VERSCHLEPPUNG
GROSS LEUTHEN
RÜSTUNGSFABRIK

GEGEN DAS
VERGESSEN
MOSKAU
10.01.2015

OLEG
MORTKOWITSCH
DASCHEW/
UKRAINE
1939

VON
15-JÄHRIGEM
GERETTET
UND ZU DEN
GROSSELTERN
GEBRACHT
1945 BEFREIT

GEGEN DAS
VERGESSEN
MOSKAU
12.01.2015

RAISA
OBRUTSCH-
NIKOWA
POLOTSK/
WEISSRUSSLAND
1935

1943 BIS
1945 BERLIN/
DEUTSCHLAND
PAPIERFABRIK
IN GLADBACH/
DEUTSCHLAND

GEGEN DAS
VERGESSEN
MOSKAU
14.01.2015

SINAIDA
AKMAJEWA
SLOBODA/
RUSSLAND 1939

OREL/RUSSLAND
ESTLAND
JANUAR 1942
DEUTSCHLAND

GEGEN DAS
VERGESSEN
MOSKAU
14.01.2015

WALENTINA
STEPKINA
SMOLENSK/
RUSSLAND
1937

1943
VERSCHLEPPUNG
NACH
DEUTSCHLAND
ZWANGSARBEIT

GEGEN DAS
VEGESSEN
MOSKAU
13.01.2015

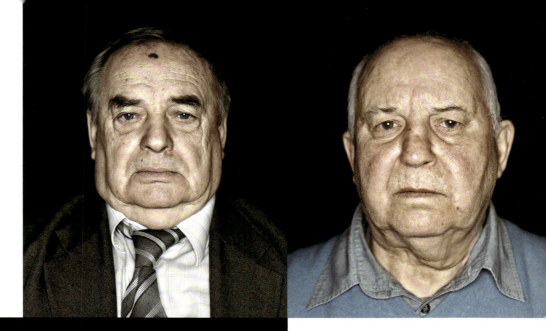

WALTER NORTHMANN
HINDENBURG (ZABRZE)/POLEN
GEBURTSJAHR UNBEKANNT

WAISENHAUS IN DER SCHWEIZ
DIE MUTTER UND DER BRUDER
WURDEN NACH AUSCHWITZ DEPORTIERT
UND ERMORDET.
DER VATER HAT THERESIENSTADT
ÜBERLEBT UND ZOG NACH BERLIN.
GING NACH PALÄSTINA

GEGEN DAS VERGESSEN
HAIFA 04.02.2015

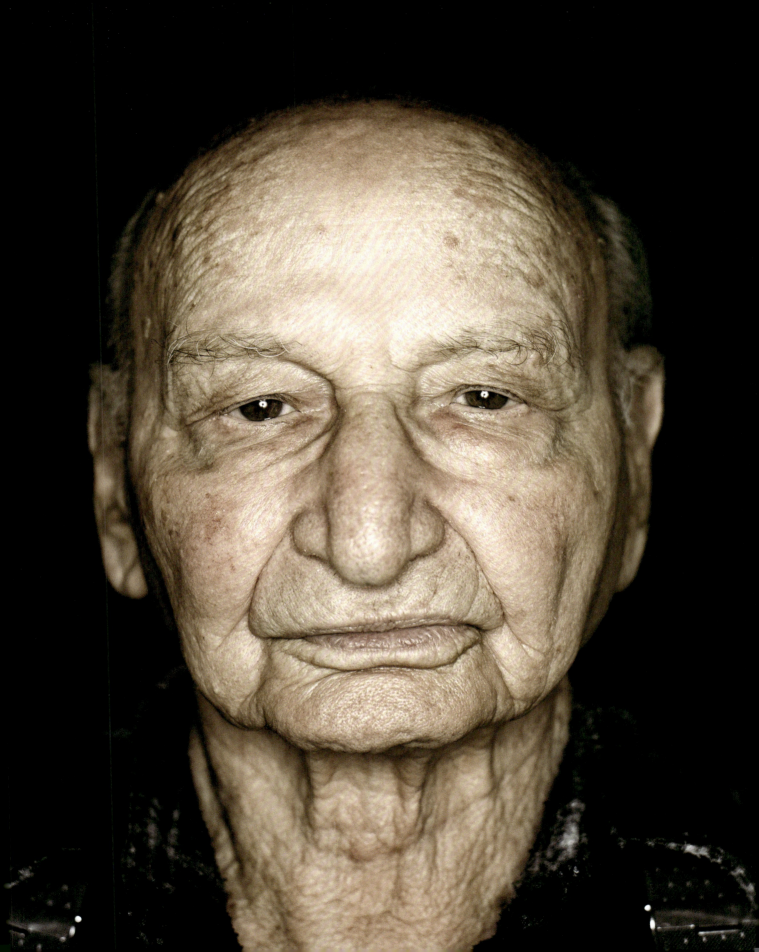

WARWARA SAWENKO
WJUNIZE /
PEREJASLAW-CHMELNIZKIJ /
UKRAINE 1923

APRIL 1942 MIT 30 ANDEREN
JUGENDLICHEN NACH
CHEMNITZ VERSCHLEPPT
MAI 1942 KZ RAVENSBRÜCK
JANUAR BIS FEBRUAR 1945
KZ NEUBRANDENBURG
DANN ZUR NORDSEE VERSCHLEPPT

GEGEN DAS VERGESSEN
KIEW 25.02.2015

WASILIJ KONONENKO

MARKOWTSY/UKRAINE 1926

4. MÄRZ 1943 BIS 1945

KZ MAUTHAUSEN/ÖSTERREICH

WEITERER DIENST IM

KZ EBENSEE/KZ GUSEN/KZ MELK

BEFREIUNG DURCH

DIE AMERIKANER

GEGEN DAS VERGESSEN

MOSKAU 11.01.2015

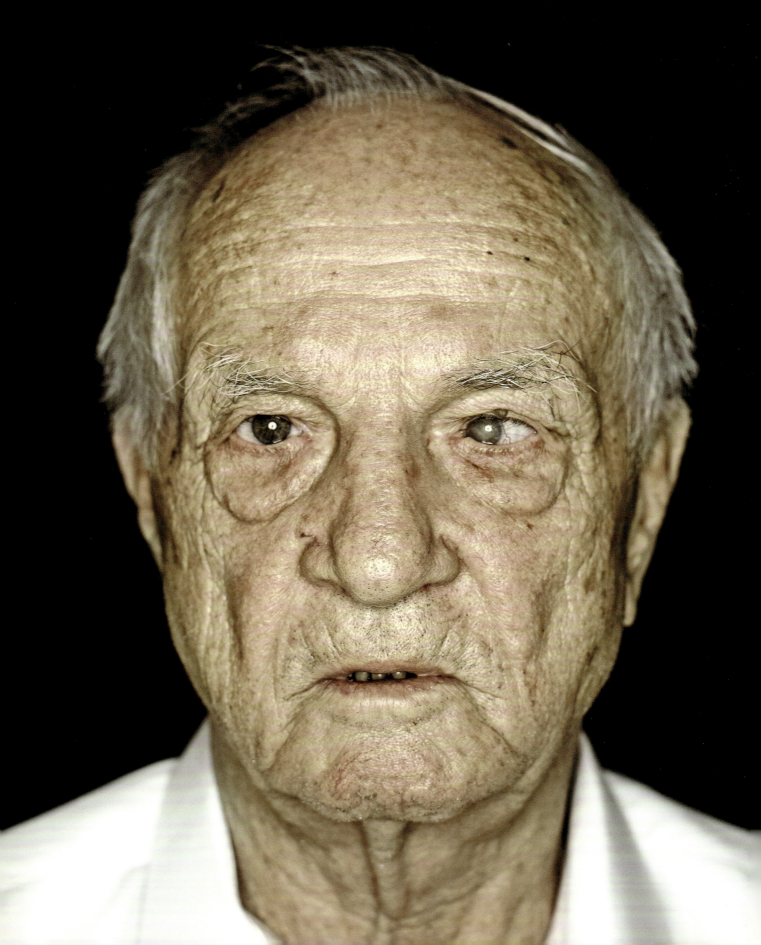

WLADISLAW SHDAN
REGION ALTAJ/RUSSLAND 1932

1942 VON DER POLIZEI
FESTGENOMMEN UND INS
KZ BIALYSTOK GEBRACHT
MEHRERE DURCHGANGSLAGER
NACH BAYREUTH ÜBERFÜHRT
ZWANGSARBEIT IN DER
LANDWIRTSCHAFT
AUFENTHALT IM LAGER
BEFREIUNG DURCH DIE
US-ARMEE 1945

GEGEN DAS VERGESSEN
MOSKAU 11.01.2015

WIKTOR GECHT
BUTSCHATSCH/POLEN
1931

1941 BIS 1943 GHETTO
VON BUTSCHATSCH
ELTERN UND VERWANDTE
WURDEN ERSCHOSSEN.
VON EINER POLNISCHEN
FAMILIE GERETTET
AB 1944 IN
WAISENHÄUSERN
AUFGEWACHSEN

GEGEN DAS VERGESSEN
MOSKAU 12.01.2015

WLADIMIR BODROW
MECHOWAJ/RUSSLAND
1 9 3 7

1 9 4 3 VERSCHLEPPUNG
NACH DEUTSCHLAND
BEFREIUNG DURCH
DIE US-ARMEE
DEZEMBER 1 9 4 5
RÜCKKEHR IN
DIE HEIMAT

GEGEN DAS VERGESSEN
MOSKAU 1 0 . 0 1 . 2 0 1 5

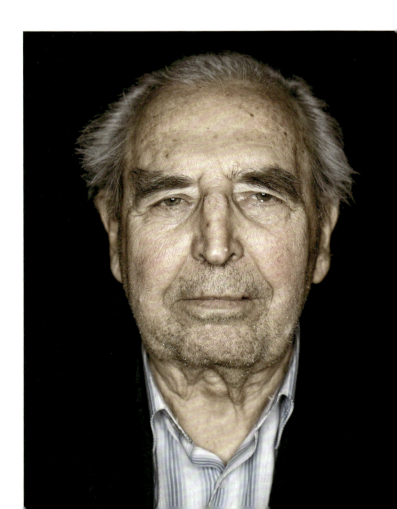

LEONID KRET
PESTSCHANKA/UKRAINE 1938

1941 BIS 1944
BERSCHAD/UKRAINE
FLUCHT MIT DER MUTTER
AUS DEM KZ BOGDANOWKA
BEFREIUNG IM APRIL 1944
ENDE 1945 RÜCKKEHR
DES VATERS

GEGEN DAS VERGESSEN
MOSKAU 12.01.2015

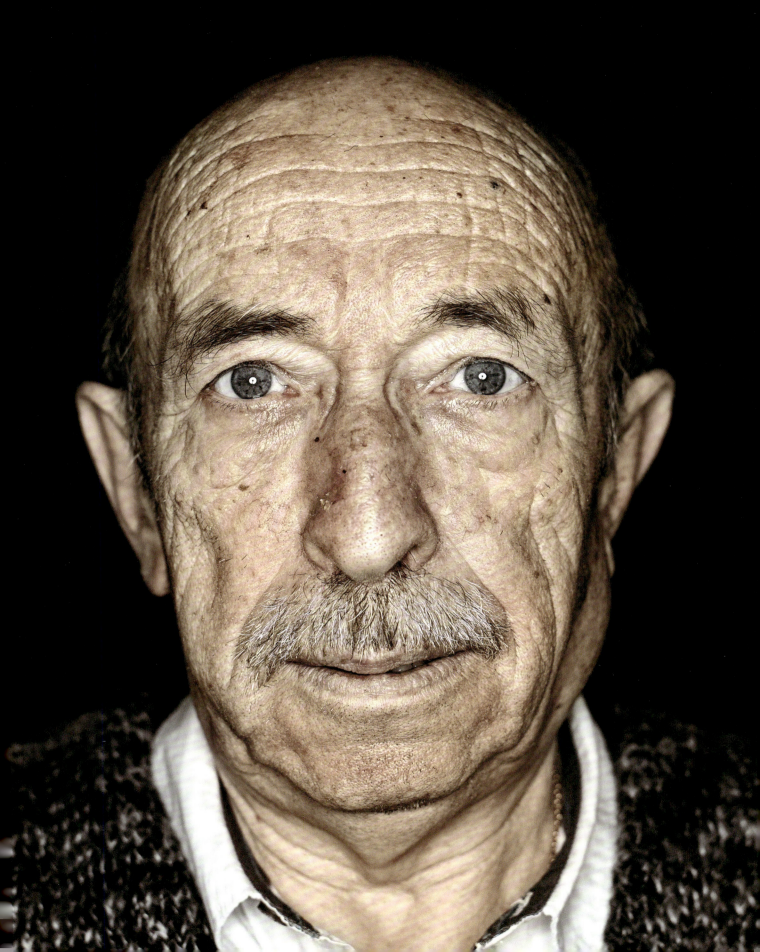

MARIJA NASARENKO
POLOTSCHI-WERGUNY/UKRAINE 1924

IN TANNDORF/GEMEINDE MITTELWALDE
AUF EINEM BAUERNHOF GEARBEITET
MAI 1943 BIS MAI 1945
BRUDER WURDE 1942 NACH
DEUTSCHLAND DEPORTIERT

GEGEN DAS VERGESSEN
KIEW 25.02.2015

SALJA JAKUPOWA
LENINGRAD / RUSSLAND 1931

BELAGERUNG VON LENINGRAD
MIT ZWEI SCHWESTERN ÜBER
DEN LADOGASEE ZUR TANTE IM
VERWALTUNGSGEBIET JAROSLAWL
GEFLÜCHTET APRIL 1942
VATER KONNTE SEIT DEM BÜRGERKRIEG
NUR MIT EINEM AUGE SEHEN / MUSSTE
DESHALB NICHT AN DIE FRONT
MUTTER WAR WÄHREND DES KRIEGES
LASTTRÄGERIN SPÄTER WACHE
FING MIT 14 JAHREN AN ZU ARBEITEN
RÜCKKEHR NACH LENINGRAD
IM JULI 1945

GEGEN DAS VERGESSEN
KÖLN 11.03.2015

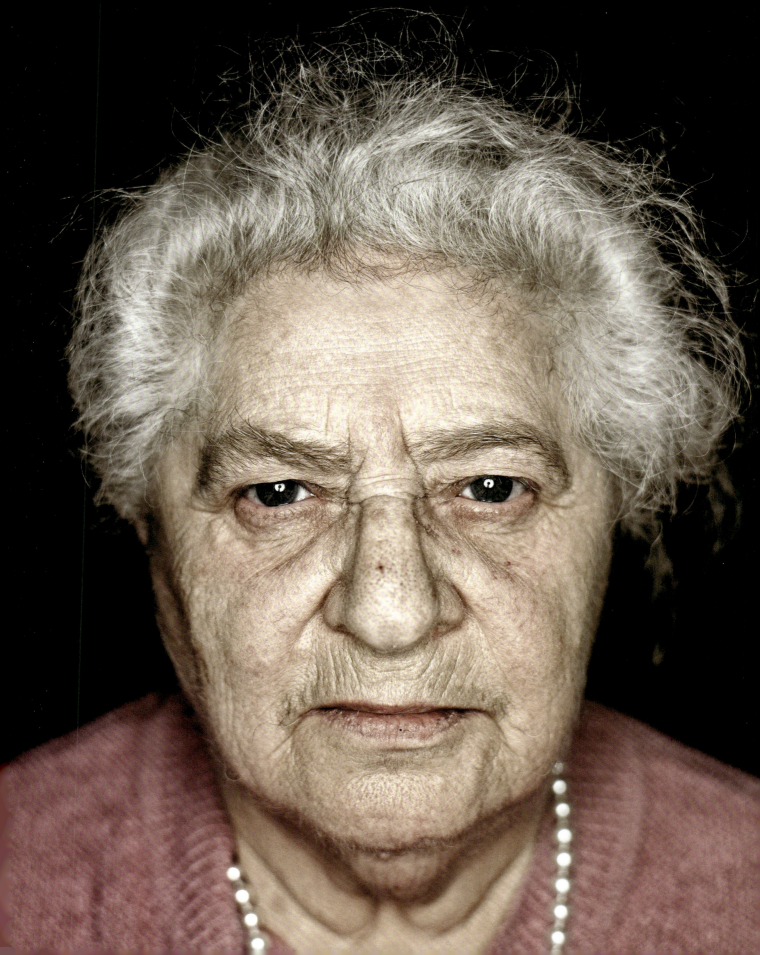

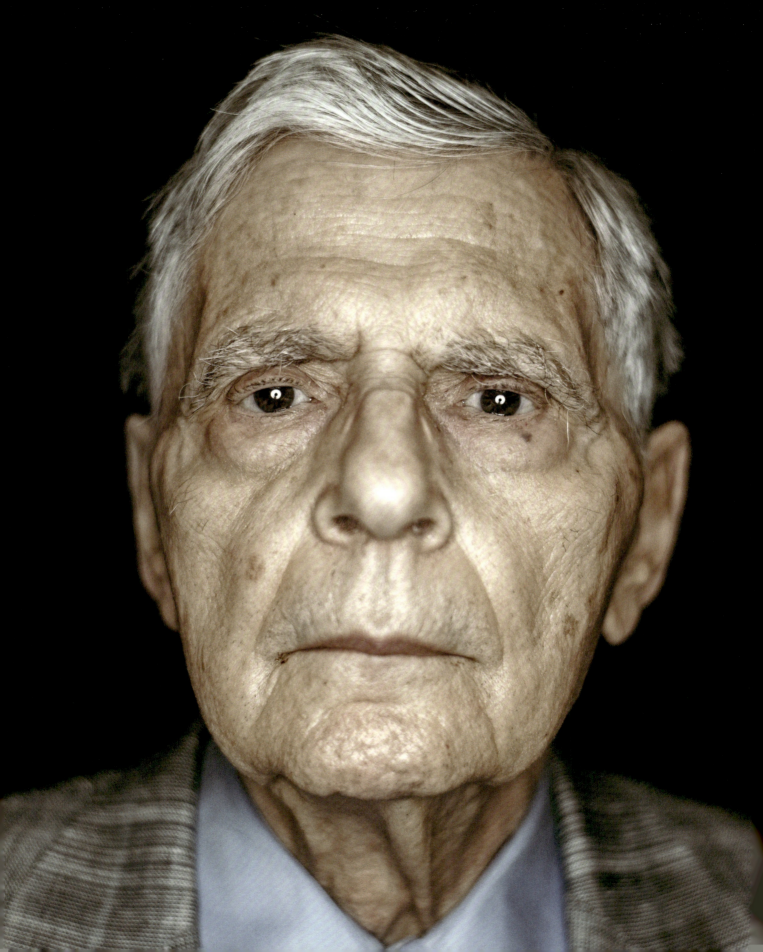

FRITZ GLUECKSTEIN
BERLIN/DEUTSCHLAND 1927

ZWANGSARBEIT IN BERLIN

GEGEN DAS VERGESSEN
WASHINGTON DC 16.06.2015

HENRY GREENBAUM
STARACHOWICE/ POLEN 1928

DIE MUTTER UND ZWEI SCHWESTERN
WURDEN NACH TREBLINKA
DEPORTIERT UND ERMORDET.
1942 ARBEITSLAGER MIT
DREI SCHWESTERN
DIE SCHWESTERN CHAJA
UND YITA STARBEN IM CAMP.
ANGESCHOSSEN BEIM FLUCHTVERSUCH
SEINE SCHWESTER FAIGE WURDE
DABEI ERSCHOSSEN.
DEPORTATION NACH AUSCHWITZ/
BUNA-MONOWITZ
1944
KZ FLOSSENBÜRG
TODESMARSCH IN RICHTUNG DACHAU
BEFREIUNG DURCH US-SOLDATEN
IN NEUNBURG VORM WALD

AM 25. APRIL 1945
DER SCHÖNSTE MOMENT DES
LEBENS: „ALS DIE PANZER AUFGINGEN
UND DIE SOLDATEN SAGTEN, WIR SIND
AMERIKANER. IHR SEID ALLE FREI!'
ICH WAR DAMALS 17 JAHRE ALT."

GEGEN DAS VERGESSEN
WASHINGTON DC 16.06.2015

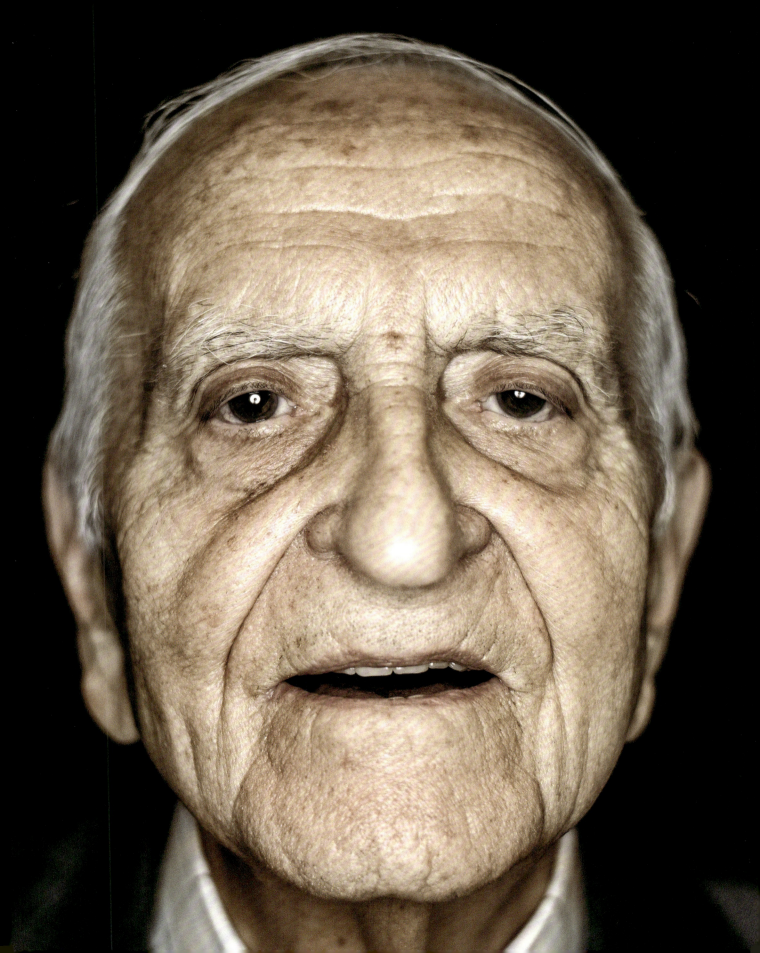

TATIANA
POLOTOVSKAJA
LENINGRAD /
RUSSLAND 1930

FLUCHT AUS DEM
BELAGERTEN
LENINGRAD

GEGEN DAS
VERGESSEN
KÖLN
11.03.2015

JERUDA ANIRAM
JASINA /
TSCHECHIEN
1929

WAISENHAUS
BUDAPEST

GEGEN DAS
VERGESSEN
HAIFA
04.02.2015

HERR GRÜNFELD
WIEN /
ÖSTERREICH
1925

KURZ VOR DEM
EINMARSCH DER
DEUTSCHEN
FLUCHT AUS
WIEN NACH
PALÄSTINA

GEGEN DAS
VERGESSEN
HAIFA
04.02.2015

PETER
GEWITSCH
WIEN /
ÖSTERREICH
1928

4 JULI 1938
FLUCHT AUS
WIEN

GEGEN DAS
VERGESSEN
HAIFA
04.02.2015

NAUM
SADOGARSKI
KIEW / UKRAINE
1936

ANONYM

GEGEN DAS
VERGESSEN
HAIFA
04.02.2015

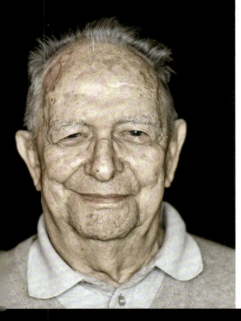
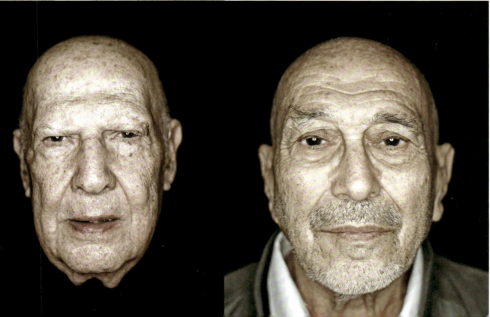

ANNA GROSZ

RACSA/RUMÄNIEN 1926

29. JUNI 1944 INTERNIERUNG IM

KZ STUTTHOF BEI DANZIG/GDANSK/

POLEN MIT DREI SCHWESTERN

AUSSENLAGER PRAUST MIT ETWA

500 WEITEREN FRAUEN

BEINBRUCH IM LAGER

SS EVAKUIERTE DAS LAGER/

SCHICKTE DIE SCHWESTERN GISELA,

CLARA UND ELISABETH GEMEINSAM

MIT DEN MEISTEN ANDEREN AUF EINEN

MARSCH INS UNGEWISSE/VON DER

SOWJETISCHEN ARMEE GERETTET

MEHRERE HUNDERTE KAMEN DAFÜR AUS

ANDEREN LAGERN/ETWA 600 GEFANGENE

VON SOWJETISCHEN TRUPPEN BEFREIT

GEGEN DAS VERGESSEN

WASHINGTON DC 16.06.2015

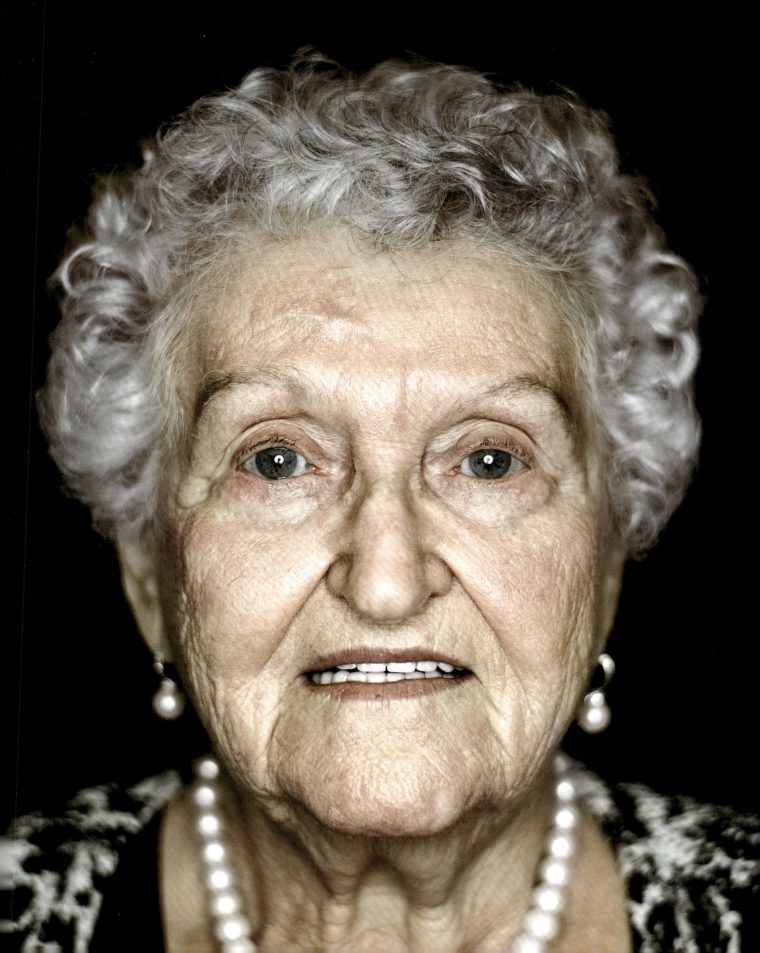

JOHANNA NEUMANN
HAMBURG/DEUTSCHLAND 1930

„MEINE ELTERN UND ICH
FANDEN ZUFLUCHT IN OBANIA
HIER HABEN WIR DEN GESAMTEN KRIEG
ÜBERLEBT. WÄHREND DER DEUTSCHEN
BESATZUNG LEBTEN WIR BEI
EINER MUSLIMISCHEN FAMILIE.
DIESE FAMILIE PILKU WURDE 1991 VON
YAD VASHEM GEEHRT."

GEGEN DAS VERGESSEN
WASHINGTON DC 16.06.2015

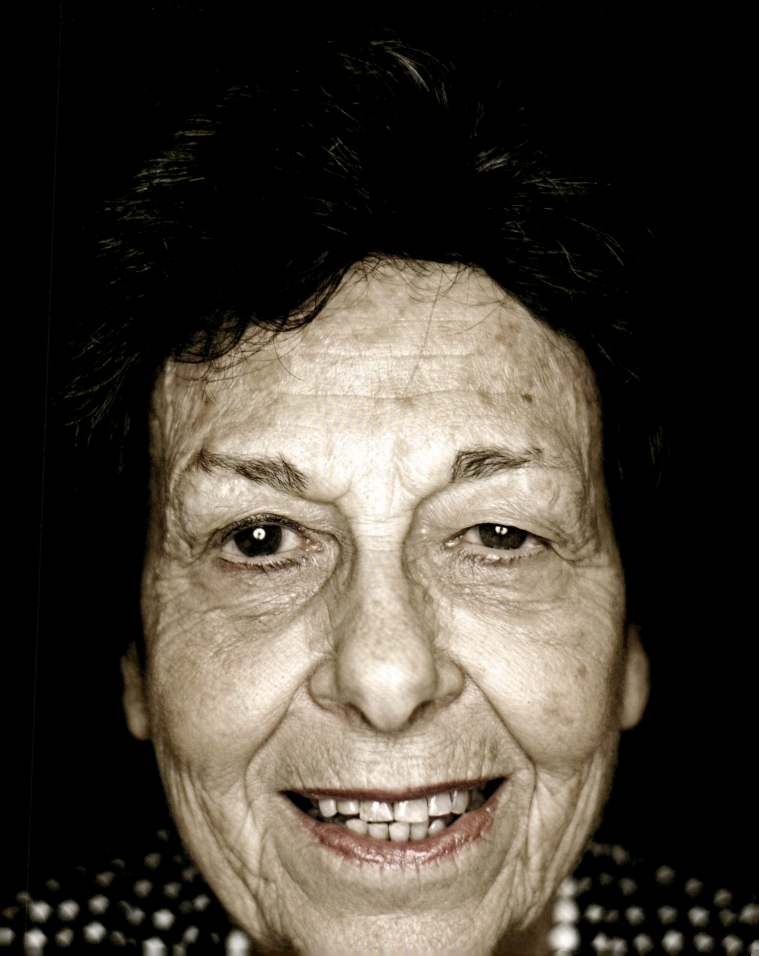

STEVEN FENVES
SUBOTICA/SERBIEN 1931

BACSALMA/UNGARN
KZ AUSCHWITZ
KZ NIEDERORSCHEL
KZ BUCHENWALD
1947 RÜCKKEHR NACH SERBIEN
SEIN SCHÖNSTER MOMENT IM LEBEN:
„ALS DIE LUKE DES PANZERS SICH
ÖFFNET UND EIN SOLDAT DER
US ARMY 6TH ARMORED DIVISION
SALUTIERT UND MIR ZURUFT:
‚IHR SEID FREI!'."

GEGEN DAS VERGESSEN
WASHINGTON DC 16.06.2015

SHLOMO
SHALOM
GEBOREN IN
IASI/RUMÄNIEN
GEBURSTDATUM
UNBEKANNT

ANONYM

GEGEN DAS VERGESSEN
HAIFA
04.02.2015

NELLJA SMIRNOWA
BRJANSK/RUSSLAND 1930

1942 VERSCHLEPPUNG
NACH DEUTSCHLAND
1945 BEFREIUNG DURCH
DIE US-ARMEE
HERBST 1945
RÜCKKEHR NACH HAUSE

GEGEN DAS VERGESSEN
MOSKAU 11.01.2015

MARTIN WEISS
POLANA/TSCHECHISCHE REPUBLIK 1929

KZ AUSCHWITZ
KZ MAUTHAUSEN
ZWANGSARBEIT IN MELK
TODESMARSCH NACH GUNZKIRCHEN
NACH DER BEFREIUNG RÜCKKEHR
IN DIE HEIMAT

GEGEN DAS VERGESSEN
WASHINGTON DC 16.06.2015

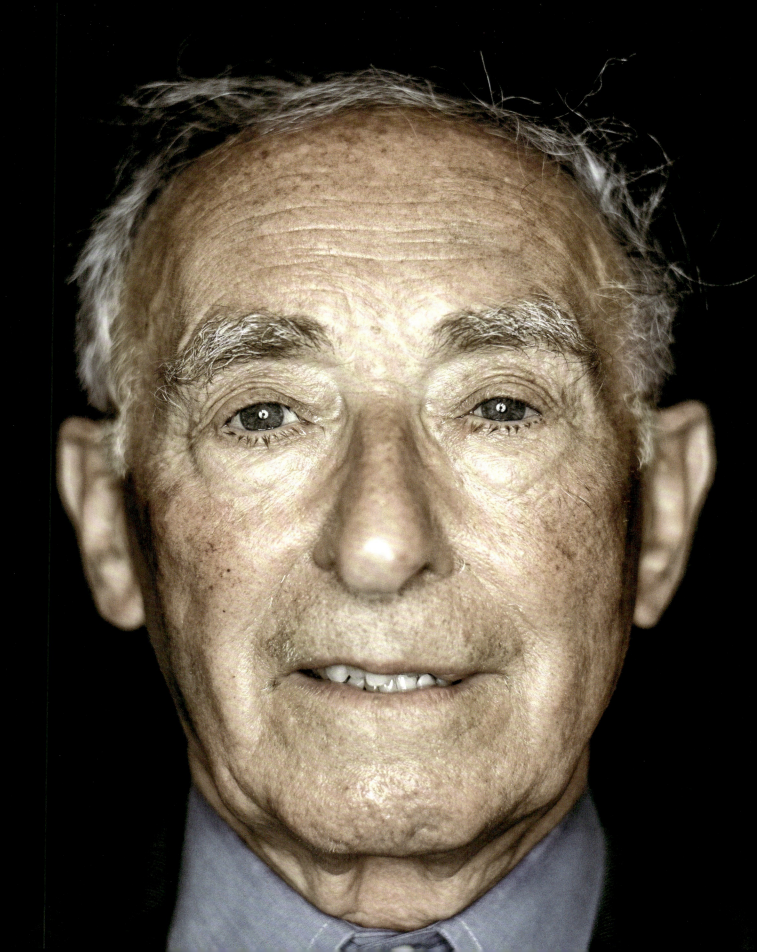

ANONYM

GEGEN DAS
VERGESSEN
HAIFA
04.02.2015

MICHEL
MARGOSIS
BRÜSSEL/
BELGIEN 1928

FLUCHT NACH
SÜDFRANKREICH/
LAGER/FLUCHT
VERSTECK/ÜBER
DIE GRENZE
NACH SPANIEN
GEFLOHEN

GEGEN DAS
VERGESSEN
WASHINGTON DC
16.06.2015

ANNA
KUDRJAWZEWA
GEBIET KALUGA/
RUSSLAND
1921

SEPTEMBER 1943
BIS JANUAR
1945 LAGER UND
SÄGEWERK IN
DEUTSCHLAND

GEGEN DAS
VERGESSEN
KIEW
24.02.2015

LJUDMILA
SHUKOWSKAJA
KIEW/UKRAINE
1941

BIS 1945
AUGUSTWALDE BEI
HANNOVER

GEGEN DAS
VERGESSEN
KIEW
24.02.2015

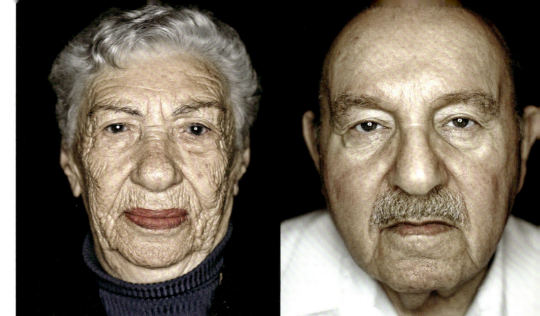

MARCEL D.
DROHOBYCZ / POLEN 1934

GHETTO DROHOBYCZ 1942
DIE FAMILIE VERSTECKTE SICH,
DENN VIELE VERWANDTE WURDEN
AUS DEM GHETTO DEPORTIERT
UND GETÖTET.
VATER KONNTE WÄRTER BESTECHEN /
FLUCHT AUS DEM GHETTO KURZ
VOR DER RÄUMUNG
ZUFLUCHT IN MLYNKI SZKOLNIKOWE
NAHE DEM HEIMATORT
GEMEINSAM MIT NEUN ANDEREN
JUDEN VON EINER UKRAINISCHEN
FAMILIE VERSTECKT
AUS ANGST IN EINEM
ERDLOCH VERBORGEN
BEFREIUNG DURCH DIE
SOWJETISCHE ARMEE
IM AUGUST 1944
MUSSTE NACH DER ZEIT IM
VERSTECK NEU LAUFEN LERNEN

GEGEN DAS VERGESSEN
WASHINGTON DC 16.06.2015

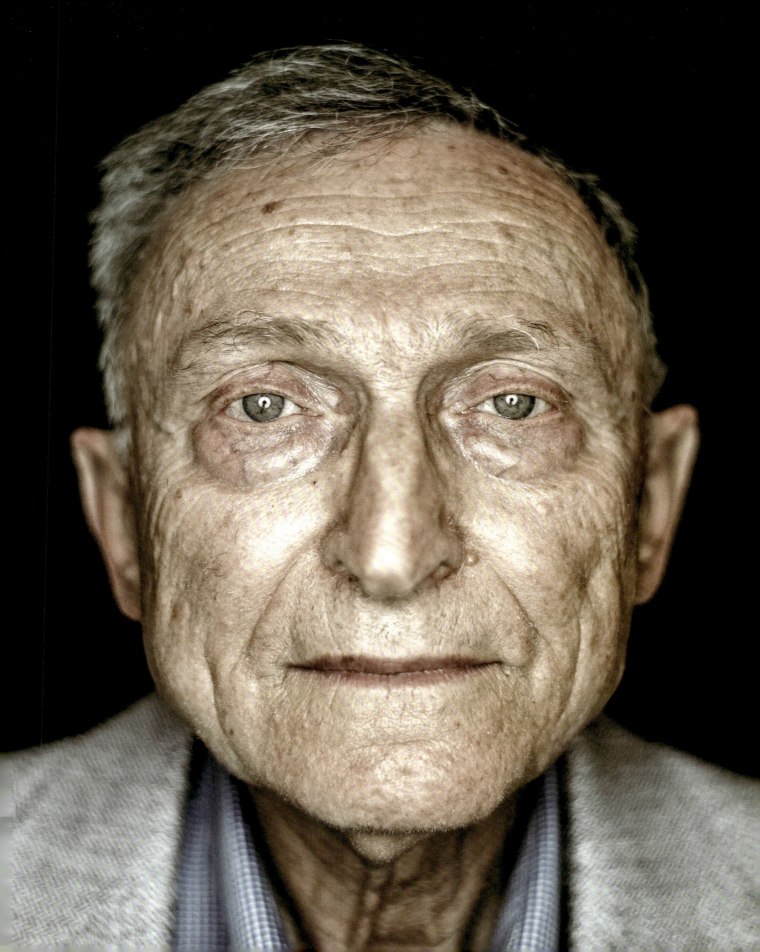

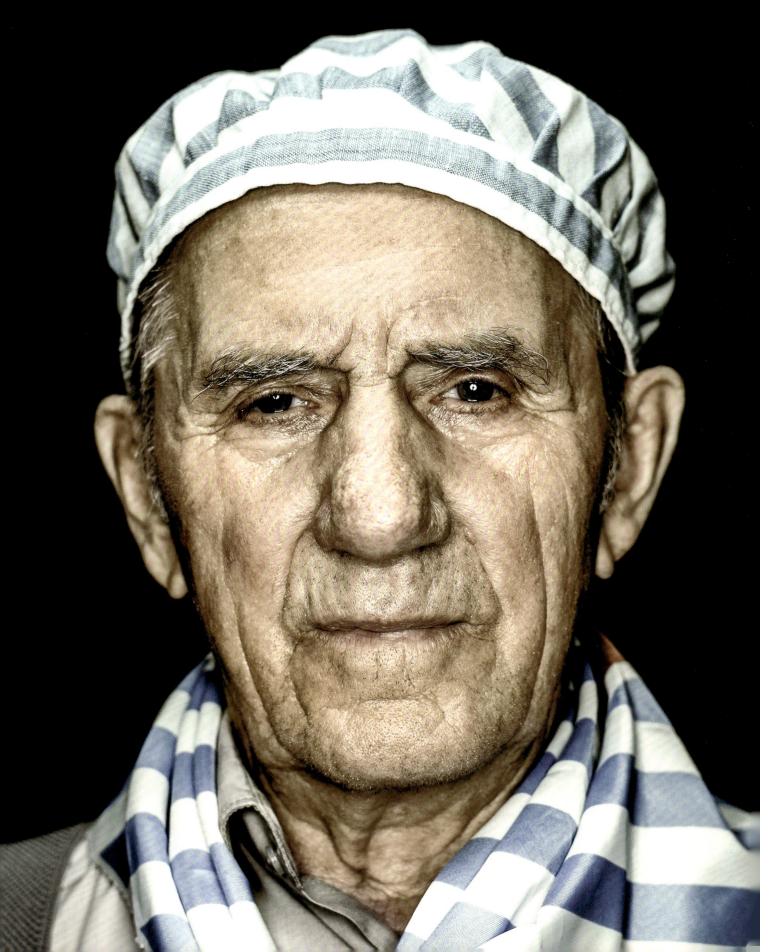

TADEUSZ ROGUSKI
WOLOMIN/POLEN 1929

1944 BEIM WARSCHAUER
AUFSTAND FESTGENOMMEN
IM KZ DACHAU ZUR
ZWANGSARBEIT SELEKTIERT
AB SEPTEMBER 1944 IN MANNHEIM
SANDHOFEN, EINEM AUSSENKOMMANDO
DES KZ NATZWEILER-STRUTHOF
VON DORT NACH KOCHENDORF
TEILNAHME AM TODESMARSCH
NACH DACHAU

GEGEN DAS VERGESSEN
MANNHEIM 16.09.2014

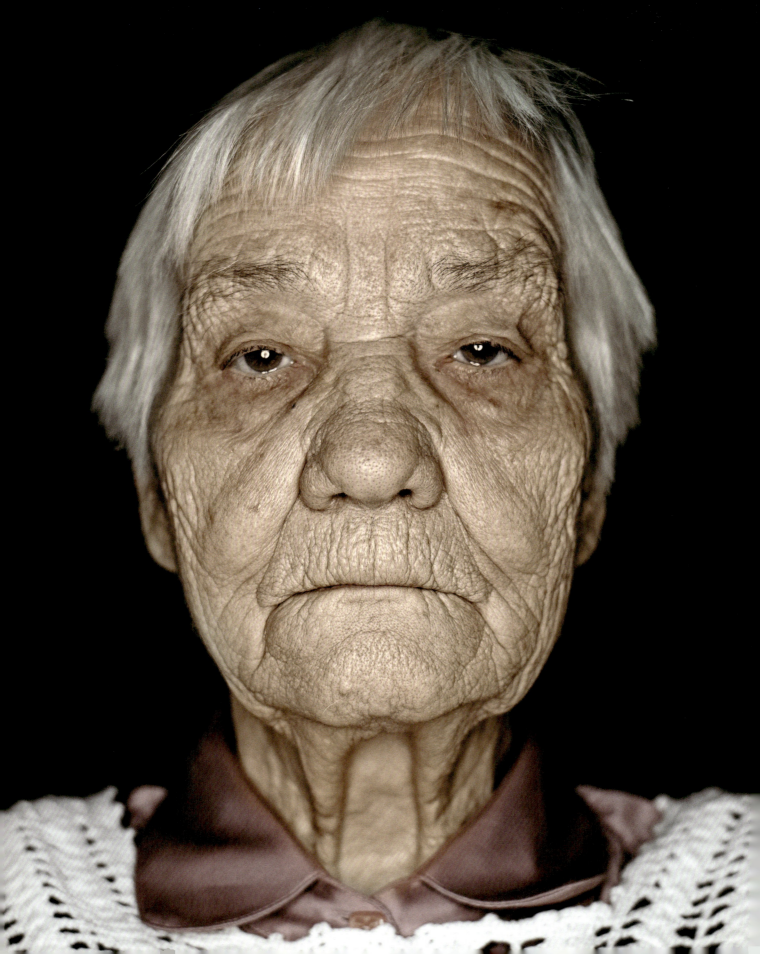

ELENA ANFIMOWA
SMOLENSK/RUSSLAND 1923

1944 VERSCHLEPPUNG
NACH DEUTSCHLAND
ARBEIT IN EINER
KAUTSCHUKFABRIK
APRIL 1945 BEFREIUNG

GEGEN DAS VERGESSEN
MOSKAU 09.01.2015

WALENTINA SENINA
MOSKAU/RUSSLAND 1932

INTERNIERUNG MIT DER SCHWESTER
IM ALTER VON NEUN JAHREN
1941-1945 ZWANGSARBEIT VOLKSWAGEN
LAGER OST/KDF-WAGEN
1945 BEFREIUNG DURCH DIE
AMERIKANISCHE ARMEE
1945 WIEDERSEHEN MIT DER MUTTER
RÜCKKEHR NACH SMOLENSK

GEGEN DAS VERGESSEN
MOSKAU 10.01.2015

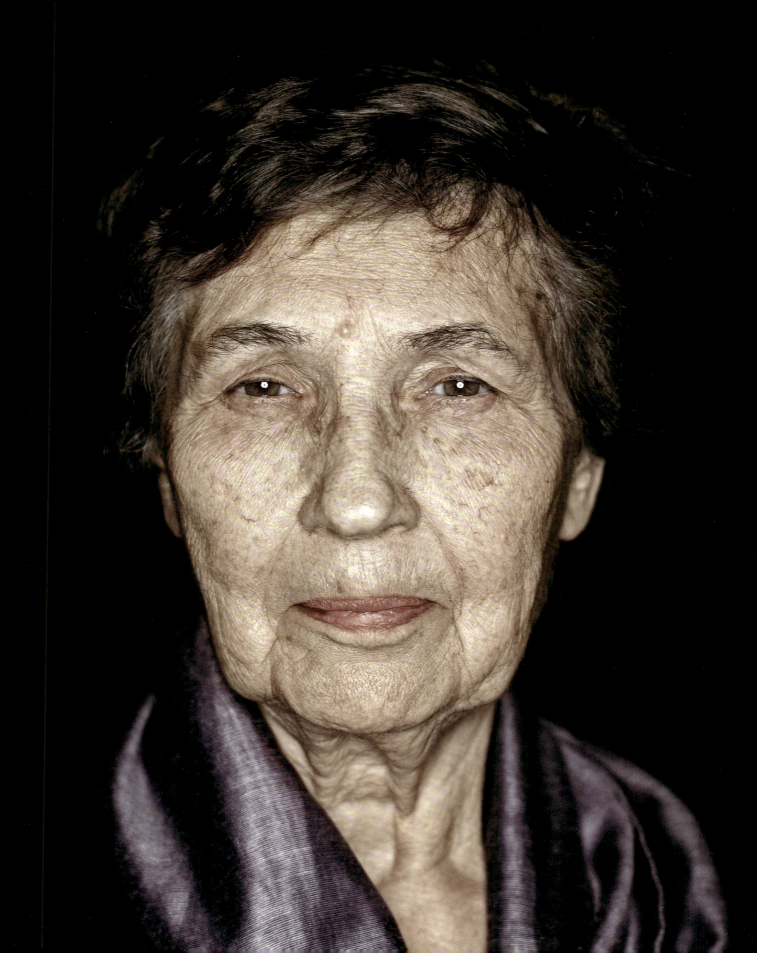

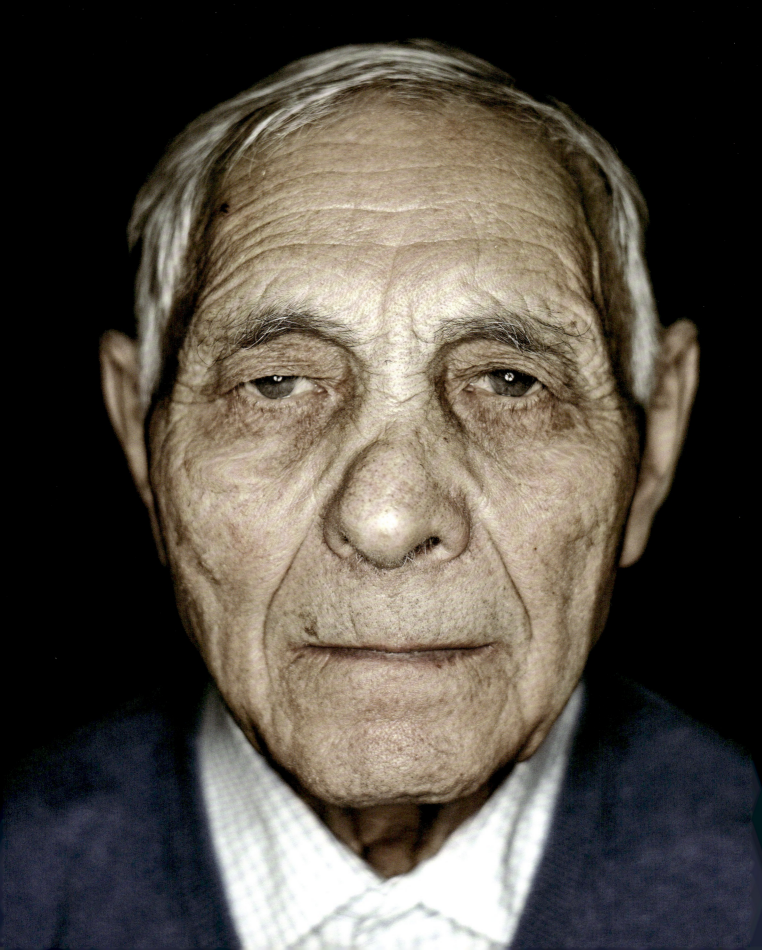

IZRAIL LIVCHITS
TULTSCHIN/UKRAINE 1925

BESATZUNG STAWROPOL/RUSSLAND
3. AUGUST 1942 BIS
25. FEBRUAR 1943
1942 ARTILLERIST SCHLACHT
BEI CHARKOW
ERSTE VERLETZUNG IN
NIKOPOL/ UKRAINE
OPERATION JASSY-KISCHINEW
BUKAREST BEFREIUNG RUMÄNIENS
ZWEITE VERLETZUNG
KÄMPFTE FÜR DIE BEFREIUNG UNGARNS
JUGOSLAWIENS UND ÖSTERREICHS
„ALS DER KRIEG ZU ENDE WAR,
WAR ICH IN GRAZ/ÖSTERREICH."

GEGEN DAS VERGESSEN
KÖLN 11.03.2015

ANDREIJ
ELISEJEW
GEBIET
SMOLENSK/
RUSSLAND
1935

SOMMER 1943
STUTTGART

GEGEN DAS
VERGESSEN
MOSKAU
11.01.2015

ANTONINA
RYCHLIK
SCHWELDE
1943

8.APRIL 1943
MIT DEN ELTERN
VERSCHLEPPT
BIS APRIL 1945
IN PRIVATEM
HAUSHALT
GEARBEITET

GEGEN DAS
VERGESSEN
KIEW
24.02.2015

RUTH
FISCHER
KÖLN/
DEUTSCHLAND
1940

FLUCHT MIT DER
MUTTER NACH
ARGENTINIEN

GEGEN DAS
VERGESSEN
KÖLN
11.03.2015

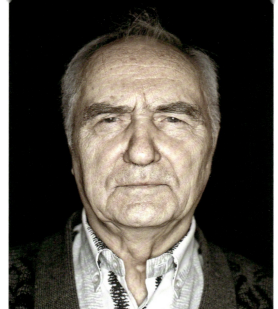

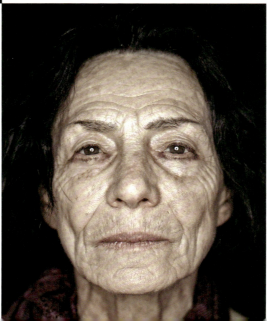

ZDZISLAW SWINIARSKI
WARSCHAU/POLEN 1926

1944 BEIM WARSCHAUER
AUFSTAND FESTGENOMMEN
IM KZ DACHAU ZUR
ZWANGSARBEIT SELEKTIERT
AB SEPTEMBER 1944 IN MANNHEIM
SANDHOFEN, EINEM AUSSENKOMMANDO
DES KZ NATZWEILER-STRUTHOF
NACH AUFLÖSUNG DES LAGERS IM
MÄRZ 1945 INS LAGER KOCHENDORF
ÜBERLEBTE DEN TODESMARSCH
NACH DACHAU
ZDZISLAW SWINIARSKI STARB
AM 30.12.2014.

GEGEN DAS VERGESSEN
MANNHEIM 16.09.2014

ALFRED MÜNZER
DEN HAAG / NIEDERLANDE 1941

VERSTECKT IN DEN HAAG VON
EINER NIEDERLÄNDISCH-
INDONESISCHEN FAMILIE UND
IHRER INDONESISCHEN NANNY
„MEINE ERSTE ERINNERUNG IST AN
DEN TAG, AN DEM ICH WIEDER ZU
MEINER MUTTER KAM, UND MICH
WEIGERTE, MICH AUF IHREN
SCHOSS ZU SETZEN."
„DAS ERSTE MAL, DASS ICH
MEINEM VATER VON ANGESICHT
ZU ANGESICHT BEGEGNET BIN, WAR
AN SEINEM GRAB IM KZ EBENSEE."

GEGEN DAS VERGESSEN
WASHINGTON DC 16.06.2015

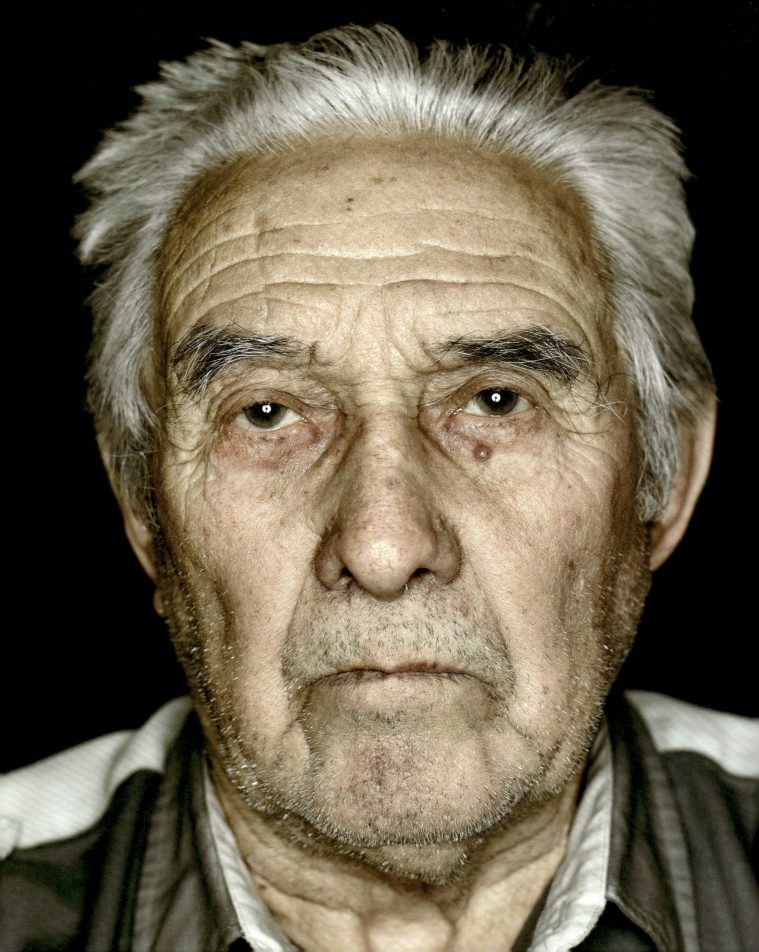

ALEKSANDR SKRYN
GEBIET POLTAWA/UKRAINE 1926

MANNHEIM 1942 BIS 1945
MIT 13 JAHREN ZWANGSARBEIT
IN EINER KESSELWAGENFABRIK
1945 BEFREIUNG
DURCH DIE US-ARMEE
RÜCKKEHR NACH RUSSLAND

GEGEN DAS VERGESSEN
MOSKAU 09.01.2015

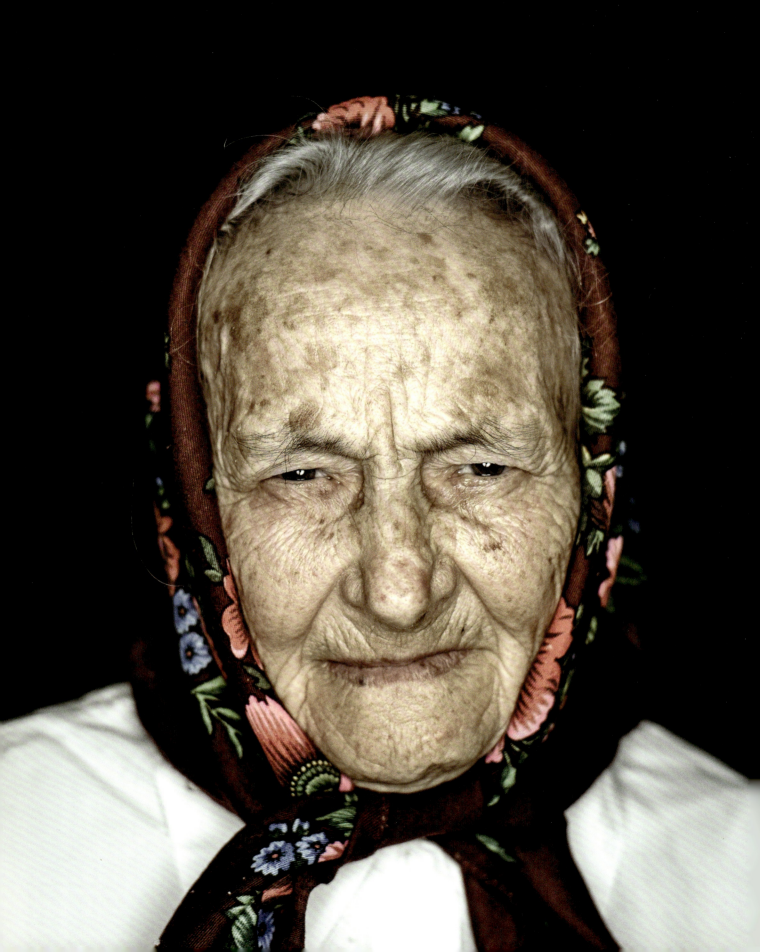

ANASTASIJA TSCHERNIKOWA
GEBURTSORT UNBEKANNT
1924

KANN SICH KAUM ERINNERN
MÖCHTE NICHT MEHR ÜBER DIE
GRAUSAMEN ERLEBNISSE SPRECHEN

GEGEN DAS VERGESSEN
KIEW 25.02.2015

AMIRA GEZOW

COESFELD/DEUTSCHLAND 1929

UNTER DEM NAMEN
CHARLOTTE SIESEL GEBOREN
22.OKTOBER 1940 GEMEINSAM
MIT ANDEREN MANNHEIMER
JUDEN NACH GURS VERSCHLEPPT
ZWEI JAHRE IN LAGERN
ELTERN ÜBER DRANCY NACH
AUSCHWITZ VERSCHICKT
SIE WURDEN VERMUTLICH GLEICH
BEI DER ANKUNFT ERMORDET.
VON EINER JÜDISCHEN
HILFSORGANISATION IN
DIE SCHWEIZ GERETTET
MIT DER JUGEND-ALIYA
NACH ISRAEL NEUES LEBEN
ALS AMIRA GEZOW

GEGEN DAS VERGESSEN
HAIFA 04.02.2015

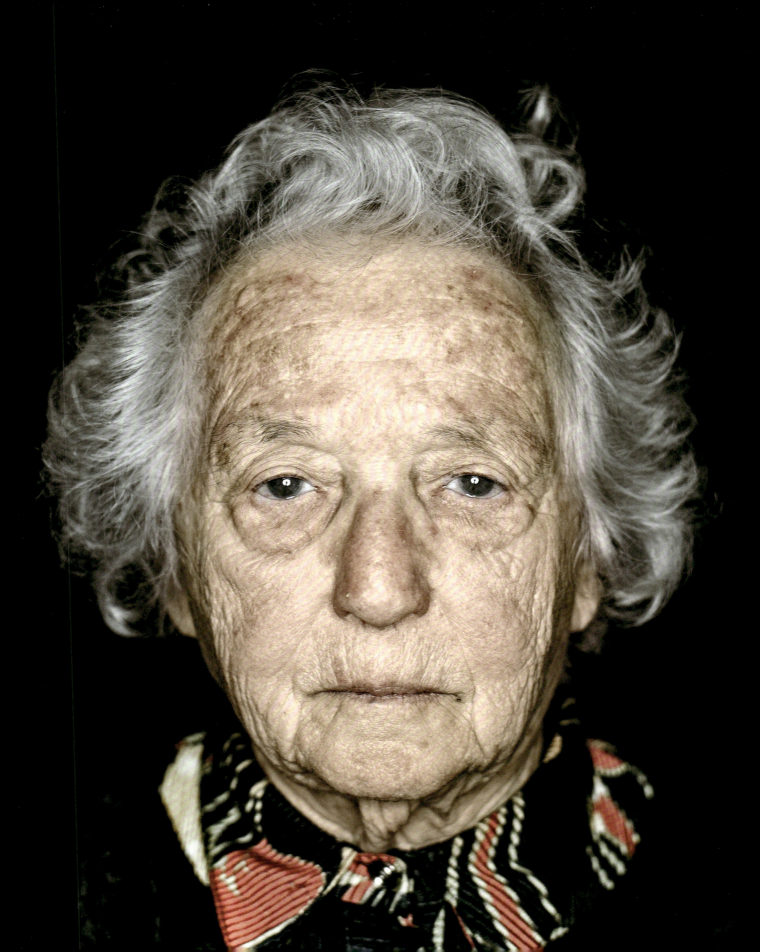

GRIGORY
KROUPNIK
KOTOWSK/
UKRAINE
1919

1941-1942
KAMPF IM
WIDERSTAND

GEGEN DAS
VERGESSEN
KÖLN
11.03.2015

MINNA
PLIESETTSKAJA
MOSKAU/
RUSSLAND
1924

FREIWILLIGER
WIDERSTANDS-
DIENST

GEGEN DAS
VERGESSEN
KÖLN
11.03.2015

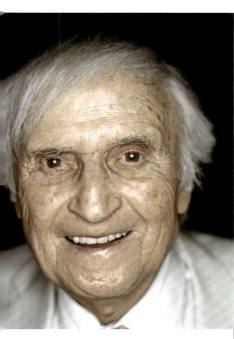

BOLESLAW URBANSKIV
WARSCHAU/POLEN 1929

1944 BEIM WARSCHAUER
AUFSTAND FESTGENOMMEN
IM KZ DACHAU ZUR
ZWANGSARBEIT SELEKTIERT
AB SEPTEMBER 1944 IN MANNHEIM
SANDHOFEN, EINEM AUSSENKOMMANDO
DES KZ NATZWEILER-STRUTHOF
NACH TYPHUSERKRANKUNG BIS
ZUR BEFREIUNG IM LAGER
VAIHINGEN AN DER ENZ

GEGEN DAS VERGESSEN
MANNHEIM 16.09.2014

EDWARD MAJEWSKI
WARSCHAU/POLEN
GEBURTSJAHR UNBEKANNT

1944 BEIM WARSCHAUER
AUFSTAND FESTGENOMMEN
IM KZ DACHAU
ZUR
ZWANGSARBEIT SELEKTIERT
AB SEPTEMBER 1944 IN MANNHEIM
SANDHOFEN, EINEM AUSSENKOMMANDO
DES KZ NATZWEILER-STRUTHOF,
DAS BEI DER FIRMA DAIMLER BENZ
ZWANGSARBEIT LEISTETE
24. DEZEMBER 1944
KZ BUCHENWALD

GEGEN DAS VERGESSEN
MANNHEIM 16.09.2014

LJUDMILA
TARASENKO-SALEWSKAJ
KIEW/UKRAINE 1929

1942 WÄHREND DER OKKUPATION
VON KIEW MIT DER MUTTER ZUR
ZWANGSARBEIT NACH DEUTSCHLAND
VERSCHLEPPT
STREICHHOLZFABRIK IM ARBEITSLAGER
HABELSCHWERDT
ÜBERLEBTE DANK EINER
ITALIENISCHEN FAMILIE
9. MAI 1945 BEFREIUNG
DURCH SOWJETISCHE TRUPPEN

GEGEN DAS VERGESSEN
KIEW 23.02.2015

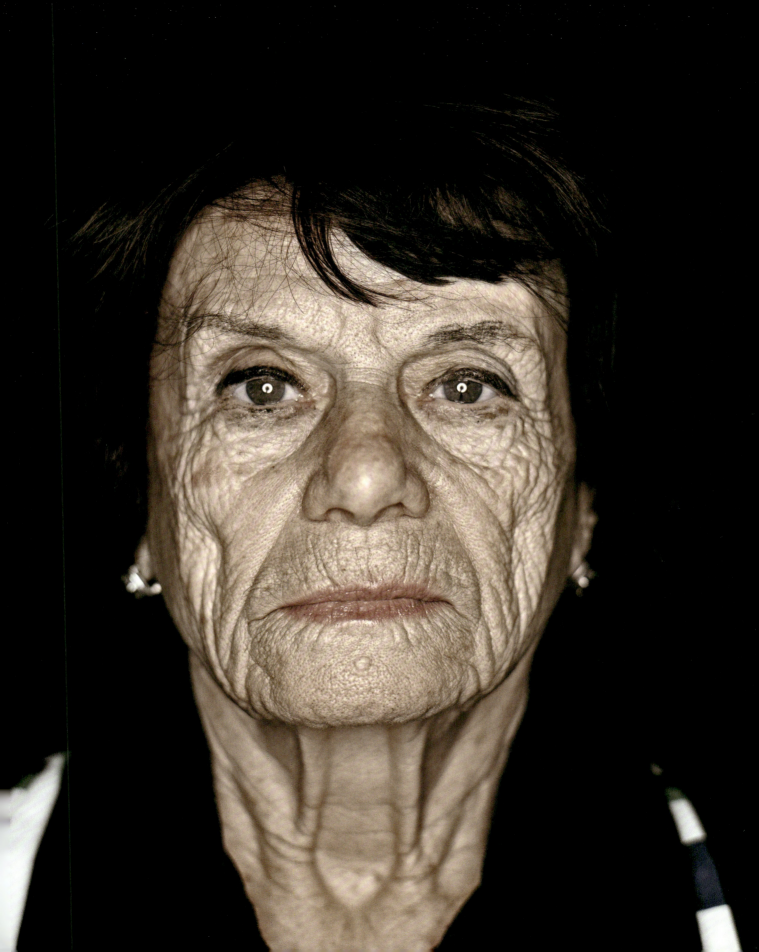

LUDMILLA SCHAJKOWA
NOWOGROD/RUSSLAND 1934

NOVEMBER 1943 INTERNIERUNG
SALASPILS LETTLAND
FEBRUAR 1944 VERSCHLEPPUNG
NACH DEUTSCHLAND
KZ FRANKFURT
MÄRZ 1945 BEFREIUNG DURCH
DIE SOWJETISCHE ARMEE

GEGEN DAS VERGESSEN
MOSKAU 10.01.2015

INNA
DUBJANSKAJA
GEBIET
SMOLENSK/
RUSSLAND
1935

1943 BIS 1945
ARBEITSLAGER
IN BERLIN

GEGEN DAS
VERGESSEN
MOSKAU
13.01.2015

ÜBER DIESEN BILDBAND

Hinter jedem einzelnen der 125 Porträts steht eine eigene Geschichte, erzählt von der Person, die sie erlebt hat. So vielfältig, wie die Geschichten selbst sind, ist auch die Art und Weise, wie die Menschen sich an sie erinnern und sie mit uns teilen. Bei vielen der Protagonisten stützt sich das Gedächtnis auf Jahreszahlen und Ortsnamen. Manche wissen nicht einmal, woher sie kommen und wann sie geboren wurden. Andere haben ganz persönliche Erlebnisse während des Krieges noch genau vor Augen. Einige möchten die schrecklichen Jahre nicht noch einmal durch Erzählungen aufleben lassen und anonym bleiben. Andere haben sehr offen über intime Erinnerungen und Gefühle gesprochen.

All die Unterschiede bekommen in diesem Bildband Raum. Sie sollen nicht durch ein einheitliches Darstellungsschema verschwimmen. Das gilt für die kurzen Begleittexte, vor allem aber für die Porträts selbst – Mimik, Ausdruck und selbst Kleidung spiegeln die individuellen Erfahrungen und den Umgang damit wider. Oft waren wir überrascht. Zum Beispiel von den ehemaligen KZ-Häftlingen und Zwangsarbeitern aus Polen, die wir 2014 in Mannheim trafen. Ganz selbstverständlich und ohne vorherige Absprache haben sie für die Fotos die Lagerkleidung angezogen, die so eng mit dem erfahrenen Leid verbunden ist.

Wir haben bewusst entschieden, nicht zu interpretieren oder gar zu spekulieren. Wenn etwa dieselben Begriffe für Ereignisse verwendet wurden, die gegensätzlicher nicht sein können. Oder wenn die Porträtierten für dasselbe Land unterschiedliche Namen verwendet haben. Bedeutungen haben sich verändert, Orte wurden umbenannt, Grenzen verschoben und Staaten neu gegründet.

GEGEN DAS VERGESSEN ist keine wissenschaftliche Abhandlung über den Nationalsozialismus. GEGEN DAS VERGESSEN ist eine Sammlung persönlicher Lebensgeschichten. An jede von ihnen wollen und müssen wir uns erinnern!

LUIGI TOSCANO

Der Fotograf und Filmemacher Luigi Toscano ist ein Spätberufener mit bewegter Vergangenheit. Als Dachdecker, Türsteher und Fensterputzer erlebte der Sohn italienischer Gastarbeiter seine Umwelt aus den unterschiedlichsten Perspektiven. Dass sich daraus eine künstlerische Laufbahn entwickelte ist ungewöhnlich. Für Luigi Toscano aber war es eine Notwendigkeit, denn die vielen Visionen und Geschichten in seinem Kopf müssen geteilt und erzählt werden.

Mit der Fotografie kann Toscano seine Sicht der Dinge festhalten und auf ein Medium bannen. So wurde er zu seinem eigenen Lehrer und brachte sich die technischen und handwerklichen Fertigkeiten eines Fotografen größtenteils selbst bei. Seither hat Luigi Toscano seine Arbeitsweise immer weiter verfeinert, sich dabei aber seine Spontanität und Offenheit bewahrt. In seinen frühen Arbeiten konzentriert sich der gelernte Mediengestalter überwiegend auf die Betrachtung und Darstellung unbewegter Szenen und Objekte. Mit wachsendem Selbstvertrauen aber wurde der Mensch zum Mittelpunkt seiner Bilder. Der Fotograf Luigi Toscano lässt sich dabei von Respekt und Demut leiten – zwei altmodisch klingende Tugenden, die ihn als Mensch schon lange begleiten.

Wir bedanken uns von Herzen bei

unserem Schirmherrn, dem Oberbürgermeister von Mannheim
Dr. Peter Kurz, seinen Mitarbeiterinnen und Mitarbeitern,
vor allem Christian Hübel und Herbert Bangert

der Baden-Württemberg Stiftung,
Christoph Dahl, Birgit Pfitzenmaier und Tosin Shari Awoyemi

der Heinrich-Vetter-Stiftung,
Prof. Dr. Dr. h.c. mult. Peter Frankenberg und Hartwig Trinkaus

Jan Schabbeck (VSZ Rechtsanwälte Ludwigshafen)

der Firma Naxos Software Solutions GmbH,
Martin Schäfer, Christine Fischer-Fleck und Iris Reisenauer

der Alten Feuerwache Mannheim,
Sören Gerhold, Maria Kretzschmar, Katharina Tremmel, Thomas Hartmann
und allen weiteren Mitarbeiterinnen und Mitarbeitern

Bilkay Öney (Ministerin für Integration)

Cem Özdemir (MdB)

Dr. Gerhard Schick (MdB)

Helen Heberer (MdL),
kulturpolitische Sprecherin der SPD,
Vorsitzende des Ausschusses für Wissenschaft, Forschung und Kultur

Wolfgang Raufelder (MdL)

Alexander Salomon (MdL)

Petar Drakul (Gemeinderat Mannheim)

Thomas Hornung

dem Kulturamt Mannheim, Sabine Schirra und Benedikt Stegmayer

dem Institut für Stadtgeschichte, Fachbereich Stadtarchiv Mannheim,
Dr. Ulrich Nieß

dem Stadtjugendring Mannheim, Karin Heinelt

der KZ-Gedenkstätte Mannheim-Sandhofen, Hans-Joachim Hirsch

Edition Panorama, Bernhard und Sebastian Wipfler
und seinen Mitarbeiterinnen und Mitarbeitern

dem Verein für Kunst- und Kulturvermittlung Rhein-Neckar,

Kerstin Weinberger, Lena Berkler und Cem Alacam

Aktion Sühnezeichen Deutschland, Ukraine und USA: Dagmar Pruin in Berlin,
Anzhela Beljak in Kiew und Katharina von Münster in Washington

dem Leo Baeck Zentrum Haifa, Stefanie Horn

dem Dokumentations- und Kulturzentrum Deutscher Sinti und Roma
sowie dem Zentralrat Deutscher Sinti und Roma,
Romani Rose, Silvio Peritore und Frank Reuter

der Stiftung Reichspräsident-Friedrich-Ebert-Gedenkstätte, Dr. Michael Braun

dem United States Holocaust Memorial Museum, Washington, DC,
Rachel Wimberley, Miriam Lomaskin und Matthew Steinhart

der Synagogen-Gemeinde Köln,
Ute Mühleib, Bella Liebermann und ihrer Helferin

der Deutsch-Israelischen Gesellschaft, Arbeitsgemeinschaft Rhein-Neckar
in Mannheim, Hannes Greiling

der Yashar Stiftung, Foundation for German-Israeli Perspectives, Stefanie Horn

den Jüdischen Gemeinden in Kiew und Moskau

Andrea und Bernd Safferling für ihre Unterstützung

Christian Mürner für die Webseite und den Web-Support

Eugen für den wahnsinnigen Einsatz in Moskau

Jochen Schulz für seine Unterstützung

Jörg Weiß für die Übersetzungen

Maike Heil für die gesponserten Gastgeschenke

Oleksandra Bakastova und Kateryna Kostyana für die Übersetzungen

Roland Schuster für seine Unterstützung

Sofia Samoilova für die filmische Begleitung

Stefanie Britting, Sandra Schürlein und Katja Seneadza
für diesen grandiosen Bildband

Susanne Main für die Unterstützung im Antragswesen

Ulrike Hacker für die guten Ratschläge

und unseren Familien und Freunden für die Unterstützung

Mit freundlicher Förderung durch

Mit freundlicher Unterstützung durch

Alle Rechte vorbehalten | in Deutschland gedruckt und gebunden

ISBN: 978-3-89823-518-1

Layoutkonzeption: Stefanie Britting, Mannheim
Satz: Sandra Schürlein, Stuttgart
Redaktion: Katja Seneadza, Mannheim
Litho: fixart, Bernd Fix
Projektleitung: Julia Teek
Projektkoordination: Holger Jan Lehmann
Produktion: Jochen Schulz
Druck und Bindung: Schreckhase, Spangenberg

Edition Panorama GmbH
G7,14
D-68159 Mannheim
www.editionpanorama.de

a production by EDITION**PANORAMA**

Das Fotoprojekt GEGEN DAS VERGESSEN als App

Naxos Software Solutions GmbH unterstützt GEGEN DAS VERGESSEN mit der App „Lest we forget". iPad-Nutzer können damit die Fotoausstellung von Luigi Toscano virtuell besuchen und zusätzliche Informationen erhalten.

Die Porträts der Zeitzeugen sind interaktiv aufbereitet und mit Interview-Filmclips, historischen Daten und weiteren Hintergrundinformationen kombiniert. Mediendidaktisch und museumspädagogisch erlaubt die App „Lest we forget" eine ganz individuelle und nachhaltige Auseinandersetzung mit diesem komplexen Thema.